藍學堂

學習・奇趣・輕鬆讀

練好邏輯的第一堂課

教你看穿誰有偏見、誰在鬼扯，建立獨立思考力

The Little Blue Reasoning Book

50 Powerful Principles for Clear and Effective Thinking

5度國際圖書獎、7度總統圖書金獎得主

布蘭登‧羅伊爾 Brandon Royal ——— 著

李芳齡 ——— 譯

「邏輯思考」正是開啟通往幸福人生的關鍵鑰匙！

傅皓政／文化大學哲學系教授

　　我們都知道哲學的目標就是追求智慧，每個人都夢寐以求能夠擁有智慧，因為智慧所帶給人們的是一種自由自在的生活態度。

　　那麼，我們如何能夠擁有智慧呢？其實就是要借助思考的力量，而培養思考的力量時不可或缺的是**邏輯思考能力**。當然，人們常說：「好的開始是成功的一半！」所以，找到一本好書讓自己可以站穩在邏輯思考的起點是非常難得的，而《練好邏輯的第一堂課》就是一本能作為邏輯思考的起點、啟發並鍛鍊你的邏輯思考能力的書籍。

　　在日常生活的經驗中，我們經常要進行許多判斷，有時候我們會覺得自己的判斷是對的，有時候會覺得自己的判斷錯了；有時候會覺得自己跟別人很合，有時候也會覺得自己跟別人不合，這些都跟思考有關係。當我們在理解這個世界的時候，「選擇性知覺」就成了左右我們思考的材料，而如何分類也形成我們對世界的觀察。作者在書中以簡明的表格說明，讓我們藉由擁有一個好的工具來分析自己與他人的思考，如此一來，讓很多容易陷入思緒混亂的人得以見到一絲光明，了解到原來解決這些困擾的第一步竟是這麼簡單，只要將各類的資訊整理並以簡明的表格方式呈現，既可以知道自己掌握的資訊是否充分，也可以很快明瞭自己究竟有哪一些選項。

　　如何能夠培養「創意思考」呢？作者說了一個讓人印象深刻的故事，看完之後真是拍案叫絕。有個女孩的父親因為欠債的緣故遭到債主的逼債。債主向女孩開出了條件，他會在口袋中放入一顆白石子和一顆黑石子，如果女孩選到白石子，他就免除其父親的債務，而如果選到黑石子，那麼父親的債務雖然可以免除，但女孩必須嫁給債主。

然而，若是女孩拒絕選擇，其父親將會立刻被抓去坐牢。殊不知，當女孩答應這個提案之後，債主作弊將兩顆黑石子放進自己的口袋中，請問，女孩應該怎麼辦呢？

結果，女孩從債主口袋中取出一顆石子，且讓自己看起來是不小心將石子掉在地上，並且和其他石子混雜在一起，既然不知道哪一顆才是掉下去的石子，她就請債主將口袋的石子取出檢查，結果取出的是黑石子，女孩就說道，那麼想必掉下去的就是白石子。因此，她避免了要嫁給債主的厄運。這是多麼引人入勝的邏輯思考，**從分析各種可能性並選擇對自己有幫助的方案，正是邏輯思考帶給我們的寶藏。**

透過《練好邏輯的第一堂課》，我們會知道，邏輯思考不但可以讓我們選擇有幫助的方案，也能夠明白自己會陷入什麼樣的困境和推理上會出現的謬誤。如同在廣告大戰中會發生的「囚徒困境」，經常讓我們陷入競爭的迷思，該如何脫困並尋求合作、達成雙贏的結果，正是需是透過邏輯思考的鍛鍊。鍛鍊邏輯思考能力當然就必須了解邏輯思考的論證結構，以及對各類的陳述進行分析與統整，這些重要的能力都能夠透過這本書的引導一一建立。

你想要過幸福的生活嗎？那麼，就從培養你的邏輯思考能力開始。想要培養良好的邏輯思考能力嗎？那麼，《練好邏輯的第一堂課》絕對是你最好的起點！

邏輯思考關我什麼事？

Hank Tsai／Podcast節目「只能喝酒的圖書館」主持人

許多人說，人需要獨處，獨處的時候適合思考；人生在經歷低潮的時候適合思考；行動之前也必得三思而後行；我們常反射性地對每天接收到的訊息作出反應，然而能做的似乎也只能是本能的反應而已。

我疑惑的是：「什麼是思考？」、「為什麼要思考？」、「思考的本質是什麼？」以及「如何思考？」

什麼是思考？

思考不是一條單行道，也不僅僅是雙向道，通常還會有一條迴轉道。單行道就像直面問題的本質，雙向道像是對問題進行正反兩面的辯論，而迴轉道是讓問題在單行或雙向之餘能有另一個轉圜的餘地；然而，這樣就是思考了嗎？我想和你們分享我認為思考的畫面。

首先，如果面前有一個問題，我的腦袋會逐漸呈現一種放射線性的狀態，這會使我從各種不同的角度去觀察、看待、面對、判斷問題本身；第二是從放射線性逆向思考，這會稍微複雜而緩慢，但在每條線索上去抽絲剝繭，更能釐清問題本身的關係、利害、矛盾和衝突。

你或許可以說，思考是運用腦袋，對周遭接收到的具象或抽象的事物體驗進行放射式發散的邏輯推理，以追求網狀的全觀可能性；再逆向用收斂的邏輯推理，以追求更精確的描述微觀準確性，思考即是在此來來回回之間，腦袋裡進行的一種心智上的運動。

為什麼要思考？

你或許可以說，那是我們在無法確切以既有的經驗與知識解釋這

個世界上某些事物時，可以進行的一種想像假設活動。

　　對於很多人來說，思考可能是鍛鍊一種技能，能夠面對龐雜的工作、處理人事問題和生活各種不同的情況；除此之外，對我而言，思考還是為了鍛鍊自己的靈魂，培養面對挫折的能力，面對失敗不盡然會一蹶不振；面對低谷時能有韌性，不卑不亢默默繼續走下去；甚至面對黑暗能有耐心等待黎明再次來臨。

　　我們身處的時代的資訊龐雜，許多常規性和一般性的事務即將面臨被AI取代，在這樣快速變遷的時代裡，我們更應讓步伐慢一點，練習思考的邏輯。**慢一點是選擇，快一點是反應，慢一點的選擇是本事，快一點的反應是本能。**

　　讓步伐慢一點，培養思考的能力就是培養本事了。

思考的本質是什麼？

　　我認為思考是為了讓問題通透，當問題通透了，問題就不再是問題。

　　在生活中，當我們無法用既有的經驗與知識去解釋某種現象，我們容易不知所措，不知如何應對與反應，這個時候思考的重要性便凸顯出來了，思考不但可以解決生存問題，還可以安定你的心靈，豐富你的生活。

　　而「邏輯」便是那最後一把鑰匙，幫你打開思考的大門，進入未知的世界。

　　本書提供了多個入門的邏輯思考方式，便是引導讀者理解邏輯思考的各個不同面向以及實行方法。

　　思考原是與生俱來，只要稍加提點，能力便能展現；但目前教育走了偏鋒，對思考能力的培養多半付之闕如，真正的學習和教育往往是在學校畢業後才開始。其實，所有人都需要用漫長的人生，去思考、建立屬於自己的人生哲學；而哲學始於懷疑，我們需要懷疑一切

理所當然的事物，顛覆習慣領域，並透過邏輯推理辯證思考，賦予其全新的觀點和意義。這樣，我們才能夠更好地完整自身，解決人生大小問題，並在創業、工作、生活、愛情、親情、友情以及對待生命和死亡等方面，作出更明智且完滿的選擇。

祝福你。

目錄

第1章 知覺與思維模式

第2章 創意思考

第**3**章 作決策

第 **4** 章 分析論證

第 **5** 章 運用邏輯

附錄

「我從不讓學校課業限制與干擾我的教育。」
——馬克・吐溫（Mark Twain）

序幕

亨利・胡米朵（Henry Humidor）買了一盒很稀有、很昂貴的雪茄，他還為這盒雪茄在眾多險種中買了火險。不出一個月，他抽完整盒雪茄，然後向保險公司索賠，他的索賠申請書上說，這些雪茄在「一連串的小火災」中燒毀。保險公司拒絕賠償，理由很明顯：他以正常方式抽完雪茄。

亨利把保險公司告上法院，並且贏了官司！

法官在判決中贊同這索賠確實是無聊之舉，但是，此人持有保險公司出售的一份保單，保單確認這些雪茄可以投保，包括火險，卻未適當地定義什麼情況將被視為「不理賠的火災」，因此，保險公司必須理賠。

保險公司怕上訴曠日廢時，接受判決，支付亨利15,000美元，賠償他在「火災」中損失的稀有雪茄。

但是……

亨利把保險公司理賠的支票兌現後，保險公司向警方舉報亨利有24次縱火之嫌，因此被捕。在他自己之前寫的索賠申請書以及先前那起官司中的證詞之下，亨利被判故意對他投保的財產縱火，必須坐牢24個月，罰鍰24,000美元。

歡迎來到邏輯的奇妙世界。

前言

　　約兩千五百年前，蘇格拉底開創了我們現今稱之為「批判性推理」（critical reasoning）的藝術與科學。透過所謂「蘇格拉底式方法」的探究，蘇格拉底使用一連串追根究底的詰問來獲取答案及批判這些答案。他以這種方式顯露複雜問題背後的重要爭論點，揭開被普遍抱持的思想的優缺點，揭露往往隱藏於貌似合理、實則空洞的言論背後的矛盾想法。蘇格拉底指出，我們未必能相信那些位高權重人士的「合理」判斷，他們也容易以雜亂無章、心血來潮，或不理性的方式去思考。蘇格拉底的觀察心得，其實蠻詼諧的。

　　批判性推理也被稱為「批判性思考」（critical thinking），可廣義地定義為：「我們評估資訊的過程」。通常，我們蒐集資訊是為了判斷問題或是評估可能性，在評估這些資訊的過程中得出的結論。會批判性思考的人能夠辨識問題或評估可能性，收集相關資訊，以「適當」方式分析資訊，自行得出可靠結論，無需倚賴他人。

　　縱使我們有能力閱讀，也沒有任何一種技巧會比推理能力更為重要，但奇怪的是，在正規學校課程或任何在職訓練方案，卻沒有專門為推理技巧而開設的必修課。本書萃取最實用的學術性及實務性推理概念與技巧，以彌補這缺失。我們的學校教育制度——小學、國中及高中——向來側重教導我們「思考什麼」（what to think），而非「如何思考」（how to think），全面性的教育必須兼具課程內容的傳授，和新的、更好的理解與解釋教材的方式。

　　本書內含50種推理技巧，區分為五個部分。第1章**知覺與思維模式**提供一個基礎推理架構。世界上每個人吸收和判斷資訊時都會受主觀意識左右，無法全知全能，在運用推理與邏輯工具時，我們必須承認沒有任何兩個人有完全相同的觀點或思維模式。

第2章**創意思考**介紹非傳統的思考方法。創意思考是非線性思考，常被稱為「跳脫框架」（out of the box）思考，其中，最有用的主題之一是重新架構（reframing）問題。解決問題時的一個重要步驟是詢問：「我（們）認知的問題是真正的問題嗎？」使用創意來更精準定義問題，有助於提升我們解決問題的能力。

第3章**作決策**聚焦於運用推理、介紹各種工具，幫助我們建構或量化決策過程。其中，基本工具——「矩型圖」與「樹狀圖」的架構——讓我們能夠以有效率、有條理的方式來處理問題，其他工具——像是加權排序（weighted ranking）及效用分析（utility analysis），讓我們量化包括雇用、職業選擇等涉及金錢考量的決策。

第4章**分析論證**教我們如何根據典型的論證結構——結論（conclusion），證據（evidence），假設（assumption）——來解析論證。推理技巧的最基本功能，就是了解、攻擊及捍衛論證。第5章**運用邏輯**包括本書中一些更專門的工具，也示範了日常談話及言論中常見的推理失誤。

我們開始吧。

測驗

　　試試以下10個基本，但有點棘手的邏輯概念。你認為每一個陳述正確或是錯誤，勾選你的答案。

　　正確答案在本書最後（參見252～253頁）。

1.	左腦思考或可被形容為「散光燈」思考（floodlight thinking），右腦思考或可被形容為「聚光燈」思考（spotlight thinking）。	□對 □錯
2.	以下公式代表典型的論證結構三要素之間的關係： 證據 — 假設 = 結論。	□對 □錯
3.	「一些醫生是有錢人」這句陳述反過來不一定成立，因為「一些有錢人可能不是醫生」。	□對 □錯
4.	對人不對事（ad hominem fallacy）是指試圖藉由轉移焦點及逃避問題，以隱藏一個弱點。	□對 □錯
5.	在形式邏輯（formal logic）中，「每個A都是B」這句陳述可理解為「只有A才是B」。	□對 □錯
6.	光環效應（halo effect）發生於當一個人太想要某件事情成真，以至於他把這情況當真。	□對 □錯
7.	「推論」（inference）與「假設」這兩個詞是同一回事。	□對 □錯
8.	矩陣之美在於它們能夠總結列與行的資料，但資料必須「共同獨立，互相遺漏」（collectively exclusive and mutually exhaustive）。	□對 □錯
9.	效用分析為考量我們對各種結果的需求度（desirability），對每一個給定值乘以其發生機率；所有得出值的總和為100%。	□對 □錯
10.	囚徒困境（prisoner's dilemma）提供一個競爭優於合作的例子。	□對 □錯

第1章

知覺與
思維模式

「許多人抱怨他們的記憶力差,少有人抱怨
他們的判斷力差。」

——17 世紀法國箴言作家拉羅希福可
(La Rochefoucauld)

選擇性知覺

想像你失明30年後，重見光明。心理學家卡爾・孟辛格（Karl F. Muenzinger）記錄了一個有此不凡經驗者的話：

重見光明時，周遭物體似乎都向我撲過來。正常人向來習慣忽視，他們不理會不要緊的東西或令人困惑的東西，但我已經忘了這個習慣，重見光明時，我想要一次看清楚所有東西，結果是幾乎什麼都看不見。

這個有趣但極端的例子，幾乎與我們多數人的思考經驗相反。積極的思考者致力於拓寬視野、從不同觀點思考以及獲取更確鑿的資訊，我們幾乎不會去擔心看得太多，反而擔心看得太少。學會批判性思考最大的益處是，能全盤思考某個議題或主題的正反兩面。

不同的年齡、文化、性別、教育、工作與生活經驗，都導致沒有任何兩個人，會以完全相同方式看待世界。看待世界的最基本方式或許可分為正面或負面兩種角度來：**這杯子是半滿或是半空？我們是固執的悲觀主義者，或是無可救藥的樂觀主義者？**

來看看有關於牛仔雷穆斯・雷德（Remus Reid）這個人的簡短生平素描。民間傳說，雷穆斯・雷德之死，有兩則不同的報紙報導，一則來自警長辦公室，另一則來自居住於雷穆斯家鄉的一個近親。

來自警長辦公室：

偷馬賊雷穆斯・雷德在1885年入獄，1887年逃獄，搶劫地方火車六次，被地方探員逮捕，於1889年判處絞刑。

來自雷穆斯的近親：

雷穆斯・雷德是有名的牛仔，其事業王國壯大到收購高價馬場，以及和地區鐵路局密切交易。自1883年起，他從事政府公職幾年，後來離開，重啟鐵路交易。1887年，他是一樁重要的司法偵緝案件的要角。1889年，在一場向雷穆斯致敬的盛大市民集會中，他站立的台子崩塌，雷穆斯不幸去世。

我們總是會選擇性地詮釋事件，若我們想要事情「這樣」或「那樣」，我們必定有意的選擇、堆砌或安排證據以支持這個觀點。

選擇性知覺讓我們看到想看的東西，我們想看的東西很可能跟自身的目的、興趣、期望、以往經驗，或目前的情況需要有關。有句俗話說：「一把鎚子在手，所有東西看起來都像釘子」這句話凸顯了選擇性知覺現象，若我們想使用一把鎚子，那麼，我們的周遭世界可能開始看起來都會像是充滿釘子！

巧合的魔力

來看看兩位著名的美國總統遇刺的比較，結果令人吃驚：

- 亞伯拉罕·林肯（Abraham Lincoln）在1846年當選國會議員。
  約翰·甘迺迪（John F. Kennedy）在1946年當選國會議員。
- 林肯在1860年當選美國總統。
  甘迺迪在1960年當選美國總統。
- Lincoln和Kennedy這兩個姓分別都有七個字母。
- 兩人都特別關心民權。
- 兩人的太太都在居住於白宮時，分別失去一個孩子。（譯註：
  林肯的三子12歲時死於傷寒，甘迺迪的二子生產兩天後死於新
  生兒呼吸窘迫症候群。）
- 兩位總統都在星期五遭到開槍行刺。
  兩人都是頭部中彈。
- 林肯的祕書姓氏為甘迺迪。
  甘迺迪的祕書姓氏為林肯。
- 兩人都是被南方人暗殺。
  兩人的繼任者都是南方人。
  兩位繼任者都姓詹森（Johnson）。
- 林肯的繼任者安德魯·詹森（Andrew Johnson）出生於1808
  年。
  甘迺迪的繼任者林登·詹森（Lyndon Johnson）出生於1908年。
- 刺殺林肯的約翰·威爾克斯·布斯（John Wilkes Booth）出生
  於1839年。
  刺殺甘迺迪的李·哈維·奧斯瓦爾德（Lee Harvey Oswald）出

生於1939年。

- 兩位刺客平時都使用三字的姓名。
  兩人的三個字姓名都是由15個字母組合而成。
- 布斯刺殺林肯後，從一間戲院逃跑，在一座倉庫裡被捕。
  奧斯瓦爾德刺殺甘迺迪後，從一座倉庫逃跑，在一間戲院裡被捕。
- 布斯和奧斯瓦爾德都在被審判前遭暗殺。
- 林肯遇刺的一週前，曾在馬里蘭州夢露市（Monroe, Maryland）待過。
  甘迺迪遇刺的一年前，與女星瑪麗蓮・夢露（Marilyn Monroe）有婚外情。

　　儘管上述比較下的巧合很引人入勝，但我們得切記，林肯與甘迺迪的差異可能不亞於相似之處，也必須審慎地避免高估這類有意安排的真實性。來看看一個著名的思考實驗變化版本：「若10億隻黑猩猩坐在10億台電腦前，給牠們10億個小時，最終，牠們當中會有一隻黑猩猩用鍵盤輸入托爾斯泰（Tolstoy）的《戰爭與和平》（*War and Peace*）。」最終會有一隻黑猩猩打出與這本小說中一模一樣的字母——輸入相同字母、構成相同的字、以相同的順序、有相同的空白，以及正確的標點符號。巧合的魔力提醒我們，幾乎任何事都是有可能的。

　　以下是英國人茶餘飯後的笑談。

　　1981年：

- 英國查爾斯王子結婚。
- 利物浦隊在歐洲冠軍聯賽中奪冠。
- 澳洲在灰燼盃（The Ashes）英澳板球對抗賽中輸了。
- 教宗去世。

2005年：

- 英國查爾斯王子結婚。
- 利物浦隊在歐洲冠軍聯賽中奪冠。
- 澳洲在灰燼盃英澳板球對抗賽中輸了。
- 教宗去世。

啟示：查爾斯王子下次結婚時，拜託有人去提醒一下教宗！

選擇性知覺與巧合的交匯是所謂的「**光環效應**」。光環效應指的是僅僅根據單一事件、特質或特徵，而帶有偏好地看待一個人、地或事物的傾向。舉例而言，某人來我們公司應徵一個職務，他正好衣著完美得無可挑剔，我們對此人的印象特別好，忽視他是否具有職務要求的技術性資格條件。有時候，光環效應跟巧合有關，例如：來我們公司應徵工作的某人恰巧是我們的同鄉，或許，他還碰巧認識我們認識的人，這些巧合可能導致我們對其印象特別好。

四種典型思維模式

我們早就知道，每個人看待世界的方式不同。我們的經驗、背景及傾向都分別形塑我們的觀點。來看看以下這個簡單，但具有揭露作用的問題：

下列五種運動當中，哪一個與其他四種運動最不相似？

A）棒球
B）板球
C）足球
D）高爾夫球
E）冰上曲棍球

這是個蠻有趣的問題，凸顯多種解答的可能性及主觀解讀。這種題目不僅絕對不會出現於智商測驗中，也暗示人們在作選擇時太常出現模糊地帶。

多數人選擇D，因為高爾夫球主要是一種個人運動，其他四種是團隊運動。高爾夫球也是這五種運動中，唯一一個得分較低者贏過得分較高者的運動。有些人武斷地表示，差異在於高爾夫球在這五種運動當中較需要腦力，其他四種運動更憑藉體力。確實，除高爾夫球外的其他運動中更強調體能速度。次多人選擇的是E，基本上，冰上曲棍球是一種冬季運動，其他四種運動通常在較暖和的天氣下進行；冰上曲棍球運動員穿溜冰鞋，其他項目的運動員穿運動鞋；冰上曲棍球玩的是橡皮圓盤（puck），其他四種運動玩的是球！（這裡說個雙關語：puck的另一個意思是「頑童」，冰上曲棍球是最粗野的運動之一，也

是上述五種運動中唯一可以合規地衝撞其他球員的運動。）

　　一些人會認為足球和其他四種運動最不像，其他四種運動都使用像棍棒的工具：高爾夫球使用球桿、鐵桿、推桿；冰上曲棍球使用曲棍球桿；棒球及板球使用球棒／球板。足球玩的是充氣的球，不是實心球或橡皮圓盤。

　　選擇A的人說棒球沒有真正的世界冠軍，所謂的「世界大賽」，只是在美國存在的事物。選擇B的人說，板球這種運動主要是大英國協的國家在玩而已。

　　每一個答案選擇都有對與錯！總的來說，人們用至少四種方式來比較這些運動。有些人著重這項運動的**上場人數**（個人vs.球隊）；有些人看重每種運動的**速度**（步行vs.跑步）；有些人聚焦於每種運動**使用的物體**（橡皮圓盤vs.球、充氣物體vs.非充氣物體、像棍棒的物體vs.不像棍棒的物體）；有些人看這些運動舉行的**環境**，例如：何時（冬季vs.夏季、寒冷天氣vs.暖和天氣），或**何地**（在一特定國家內或地區性）。

　　區別人們的不同思考方式時，可以使用「思維模式」（mindset）這個概念。區分思維模式的架構有許多種，像是花點時間檢視人們在上述問題中如何選擇答案，可能會發現：有些人更側重分析，有些人更側重整體思考，有些人是更結果導向，有些人是更過程導向。在這個例子中，分析型的人傾向聚焦於運動中使用的器具；整體思考型的人傾向看運動舉行的時間與地點（亦即地理）；成果導向型的人較可能去看最終結果，例如：高爾夫球賽中得分較低者贏，其他四種運動中得分較高者贏；過程導向型的人較可能去比較每種運動的上場人數、他們的體格和他們的運動移動。

技巧 02 思維模式可以區分為四種基本類型：現實型（Realist）、理想型（Idealist）、分析型（Analyst）以及綜合型（Synthesist）。我們可以根據實用性與情感依附程度，進一步比較這些思維模式。

　　我們看待世界時的自然傾向在本質上就有長處與弱點，這種通常被稱為「思維模式」的自然傾向，能幫助我們了解周遭的其他人的動機。

　　我們來深入了解思維模式有多重要，想想看，撇開明顯的時間限制不談，為何一個人很難兼任演員、導演及製作人？答案在於技巧與個性不能同時存在或展現。演員必須靈活且臨場反應，導演必須有條理及有創意，製作人必須具有說服力、商業導向，以及有行政管理能力。

　　以下概述現實型、理想型、分析型以及綜合型這四種思維模式。

現實型	這類人的主要目標是「完成工作」。（成果導向）
理想型	這類人的主要目標是「尋找『正確』答案」。（過程導向）
分析型	這類人的主要目標是「獲得詳盡評估」。（分析導向）
綜合型	這類人的主要目標是「取得一個綜合觀點」。（整體導向）

　　26頁的＜圖表1-1＞從**實用性**及**情感**依附程度這兩個層面，來進一步比較這四種典型思維模式。簡單地說，現實型和分析型比理想型和綜合型更務實（這是有相當經驗證據的），現實型和理想型比分析型或綜合型更訴諸情感。現實型和理想型在推進他們的目標時，傾向與人共事，現實型知道他們要朝向何處，需要獲取他人的幫助；理想型尋求他人的支持，以決定適當的行動方案。另一方面，分析型和綜合型更側重理性思考，而非情感，分析型處理細節——疑難的各個部

分，綜合型則是試圖用資訊來歸納出主題，因此，他們較不需要情感依附。

▣ 圖表1-1 四種典型思維模式

實用性

情感		更多	更少
	更多	現實型	理想型
	更少	分析型	綜合型

下方的＜圖表1-2＞列出人們對各種職業領域工作者的典型特質。當然，**優秀的**思考者必須不能太過於受到這些典型中的弱點所影響。

▣ 圖表1-2 各種專業人士予人的印象

	人們印象中的長處	人們印象中的弱點
1. 會計師	• 優秀的專業量化技能 • 善於現實查核 • 盡責	• 不靈活；不具領導力 • 儘管接觸各種產業，仍然缺乏宏觀視野
2. 行政／人事人員	• 有條理；細心 • 照顧人；有團隊精神	• 不懂如何創立一個事業 • 固守規定與程序
3. 藝術工作者	• 靈活；有創意 • 獨特觀點	• 量化技能不佳 • 不懂如何管理他人
4. 電腦／網際網路技客	• 量化技能佳 • 了解技術，親自動手	• 缺乏人際技巧 • 缺乏宏觀視野
5. 顧問	• 思考能夠跳出框架；優秀的商業頭腦 • 口才好；聰穎	• 不關心細節 • 太理論；太注重形式而犧牲了本質
6. 工程師	• 做事有條理；努力 • 量化與技術佳	• 短視；無法顧全大局 • 缺乏溝通技巧
7. 創業者	• 機動靈活；幹勁十足 • 親自動手；實幹者	• 混亂無章；沒條理；容易感到乏味；沒耐心 • 不喜歡理論

	人們印象中的長處	人們印象中的弱點
8. 投資銀行家	• 精明；有機智；知道情況最重要的部分；善於人脈 • 數字能力佳	• 冷酷；無情；傲慢 • 聚焦於目的，不擇手段
9. 律師	• 聰穎；善於溝通 • 訓練有素；組織能力佳	• 獨自工作；積習難改，固執己見 • 量化技能不佳
10. 行銷／銷售人員	• 有個人魅力；自信 • 了解顧客	• 缺乏數字感 • 不重視理論或看書學習
11. 軍人	• 循規蹈矩；有紀律 • 有團隊精神	• 與商業格格不入 • 太聚焦於執行命令；沒有足夠遠見
12. 科學家	• 聰明；有獨特觀點 • 量化技能佳	• 缺乏商業頭腦；拘謹 • 不會「閒聊」；不願發展軟實力

第 2 章

創意思考

「關於創造力，我們的職責是幫助孩子攀登他們自己的山峰，爬得愈高愈好，我們能做的，就只有這個了。」

——義大利教育家洛利斯·馬拉古齊
（Loris Malaguzzi）

概述

　　思考大致可分為兩類：分析式思考（analytical thinking）以及創意思考（creative thinking）。分析式思考是本書第3、第4以及第5章的主題，由於坊間太側重傳統的分析式解決問題技巧，本章把**順序倒反過來**，先探討用於分析與解決問題的非傳統式創意思考技巧。

　　本章首先討論水平思考（lateral thinking），這是創意思考的一支。後文中的「筆劃」、「模式」與「九個點」問題，例示了程序性反應（programmed response）的力量。接著，我們探討收斂性思考（convergent thinking）與發散性思考（divergent thinking）的差別，以及這兩種思考方式的優缺點，主要目的是拓寬思路、發展全方位的思考流程。

　　由於新穎點子是創造力的源頭，本章將探討產生點子的方法，包括腦力激盪，以及「點子產生器」（idea growers）與「點子殺手」（idea killers）。在解決問題方面，為了先研判所認知的問題是否為**真正的**問題，「重新架構」問題是非常重要的工具。

　　最後，我們探討關於在組織中「推銷」創意點子時的一些課題，好向對組織有影響力的人成功推銷你提出的點子。

水平思考

技巧 03 創意思考是「後門」思考。

「創意思考」一詞和「水平思考」一詞常被同義使用，水平思考不是新名詞，它源自心理學家愛德華‧狄波諾（Edward De Bono），並且因他的同名著作而聞名於世。下方＜圖表2-1＞列出傳統／垂直思考（vertical thinking）與創意／水平思考的差別。

▣ 圖表2-1 傳統／垂直思考vs.創意／水平思考

傳統／垂直思考	創意／水平思考
• 傳統思考是直線思考。 • 傳統思考是前門思考。 • 傳統思考是邏輯思考。 • 傳統思考是高機率思考。 • 傳統思考主要是左腦思考。 • 傳統思考是「框架內」思考。 • 傳統思考就像一條有固定流向的河。	• 創意思考是旁向地思考。 • 創意思考是後門思考。 • 創意思考是臨場自然地思考。 • 創意思考是低機率思考。 • 創意思考主要是右腦思考。 • 創意思考是「跳脫框架」思考。 • 創意思考就像一條滿出來、向新方向流的河。

創意思考這個概念很難講清楚，舉例說明才好懂，看看以下這個故事。

多年前，一個倒楣的商人欠了一位富有的債主一大筆錢，在無力償還債務之下，這商人知道，債主可以把他送去吃牢飯。

這債主年紀大，長相醜，脾氣差，但他注意到這商人的女兒年輕貌美，於是，他向商人提出一個既可能免除債務、又能確保其女兒不

致因為父親入獄而挨餓的交易。

債主說，他把一顆白石子和一顆黑石子放進一只空錢袋裡，讓這漂亮女孩選出一顆。若她從袋子裡取出來的是白石子，她的父親的債務可以免除，她也不必嫁給債主。若她取出的是黑石子，她的父親的債務一筆勾銷，但她必須嫁給債主。若她拒絕作出選擇，她的父親將立刻送進牢。

這商人和他的女兒被他們目前的處境嚇壞了，知道他們拒絕不了債主。

很快地，見真章的時刻到來，三人走到債主的大宅庭院裡的石子路上，債主彎腰撿拾兩顆石子。愁眉苦臉的商人女兒注意到，債主撿起的兩顆石子都是黑色的，而且已經放進錢袋裡。

若你是這不幸的女孩，你會怎麼做？若要你給這女孩建議，你會告訴她什麼？你可能相信，仔細的邏輯分析將可解決問題——若有解方的話，但是，這種傳統的、直線的思考，對這故事中的女孩沒多大幫助。在這種傳統思考下，有兩種可能性：

1. 這女孩應該取出一顆黑石子，犧牲自己，讓父親免於牢獄之災。
2. 這女孩應該拒絕選石子，直接指出這袋子的兩顆石子都是黑色的，揭發債主作弊，要求公平挑選一次。

這故事顯示傳統思考與創意思考的差別。傳統思考者想的是這女孩必須選石子，不去改變這場「賽局」的決定因素。創意思考者想的是改變這賽局的焦點或決定因素。傳統思考者以理性觀點看問題，謹慎地運用邏輯來解決。創意思考者傾向以各種不同方式看待問題，而不是接受及採行既定方式。

以下是這個故事的結局：

「請選吧，美麗的女孩」，債主說。女孩伸手從錢袋中取出一個石子，然後故意讓它掉落在石子路上，跟地上的其他石子混在一起，「瞧我，笨手笨腳的」，女孩說，看向債主：「不過，沒關係，看看錢袋裡剩下的那顆石子，就能知道我剛才選中的是什麼顏色了。」

債主震驚之餘，又不想承認自己不老實，只能讓女孩把錢袋裡剩下的那顆石子取出來，當然是黑色的，「啊，我剛才選中的是白石子！」，女孩欣喜地喊道。

就這樣，運用創意思考，女孩逆轉劣勢。女孩現在的處境其實比債主誠實地在全袋裡放進一顆黑石子及一顆白石子更有利，因為她得救的機會只有50%。運用創意思考與解方，她肯定不必被迫嫁給債主，又能讓父親的債務被免除。創意思考可能得出兩種可能性：

1. 既然債主作弊，放進了兩顆黑色石子，那麼，在挑選石子前，女孩應該要求改變石子顏色相應的結果（亦即改為若選中的是黑色石子，債務免除，她也不必嫁給債主），甚至，女孩也可以提議改由債主代替她去挑選錢袋裡的石子。
2. 女孩應該選擇一顆石子，然後故意掉下來，混在其他石子裡，然後查看錢袋裡剩下的那顆石子的顏色（就如同她在故事中採行的做法）。

最阻礙我們釋放創意思考能力的是哪些事情呢？答案在於區別程序性反應及非程序性反應。

基本上我們日常生活中的事務都屬於程序性反應，使我們不必深度思考就能行禮如儀，例如：去商店買東西、開車，或向他人打招呼說：「嗨」時，預期對方會作出我們熟悉的反應。但是，當我們遭遇新情況，程序性反應不管用，需要非程序性反應。

問題01 筆劃

在下列等式中增加一筆劃或一個字符，使這等式可解：

$$IX = 6$$

（解答請見204頁）

問題02 拖地

想一下，「地板髒是因為莎莉拖了地」如何才言之成理？

（解答請見204頁）

問題03 模式

根據下面的模式，把「E、F、G、H、I」這些字置於線上方或下方的適當位置。

A
_____

BCD

（解答請見204頁）

問題04 九個點

用筆畫不超過四條直線，一氣呵成地把九個點全部連起來，筆不能離開紙面。

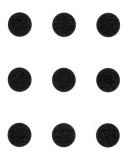

（解答請見205頁）

問題05 兩個水桶

一個馬戲團團主派一名小丑去附近的河流取水回來，團主想用水來沖調一種特別的健康濃縮液來餵大象，需七加侖的水，不能多也不能少。他給小丑一個五加侖的桶子和一個三加侖的桶子，要他取回剛剛好七加侖的水。在只有兩個桶子，且不使用其他工具、也不能推測水量之下，小丑要如何量出正好七加侖的水？

五加侖桶子　　　三加侖桶子

（解答請見206頁）

發散性思考vs.收斂性思考

技巧 04　收斂性思考集中思路；發散性思考延展思路。

從分析過程中從頭到尾的任何一個點上，我們都運用兩種思考模式中的一種：收斂性思考或發散性思考。

收斂的意思是集中到一個點。每當我們對一個問題採取較窄的視角，聚焦於疑難的單一一個層面時，就屬於收斂性思考模式。每當我們對一個問題採取較寬的視角，例如：更完全地檢視證據、收集新證據，或探索各種可能的解方時，我們就處於發散性思考模式。

發散性思考的思路天馬行空，好激發新點子及想法，收斂性思考則約束思路，更集中於一個問題，直到思路完全聚焦及產生單一一個解方。很像是相機的鏡頭可以把拍攝的主體放大，直到主體填滿鏡頭口徑，這是收斂；或是調焦以擴大主體周邊視野，這是發散。用顯微鏡或望遠鏡的對比更顯著。

為有效解決問題，發散性思考和收斂性思考都很必要。發散性思考的創意選項不拘一格；收斂性思考篩除弱選項。沒有發散性思考，我們無法創意地或客觀地分析一個問題；沒有收斂性思考，我們將分析個沒完沒了。因此，想有效解決問題，你必須能夠容易地、隨心所欲地在發散性思考和收斂性思考之間來回切換，因應各種情況，把每種思考模式運用至最佳效果。

不幸的是，想在這兩種完全相反、完全對立的思考模式之間來回切換，極其困難。多數人天生較善於收斂性思考，發散性思考不若收斂性思考那麼地本能，事實上，多數人習慣性地抗拒發散性思考，有時還會激烈地、甚至憤怒地抗拒。

發散性思考vs.收斂性思考的探討，要從「右腦思考vs.左腦思考」

說起。

　　1981年，美國神經生理學家羅傑‧斯佩里（Roger Sperry）因為證明裂腦（split brain）理論而獲得諾貝爾生理學／醫學獎。研究確證，大腦有左右兩個半球，司掌不同、但部分重疊的功能。大腦的右半球和左半球各自專長於不同類型的思考過程，從最根本上來說，左腦擅長分析，右腦擅長創意。95%的右撇子的左腦司掌分析活動，右腦司掌創意活動；多數左撇子的左腦與右腦司掌的功能則恰巧相反。

　　下文節錄自我的另一本著作《寫作技巧小紅書》（*The Little Red Writing Book*），說明左腦及右腦如何處理書面文件，這些內容與我們現在討論的主題有關：

　　左腦負責分析性質，線性、語言以及理性的思考。左腦思考被形容為「聚光燈」思考，當一個人在結算帳務、記住姓名和日期，或訂定目標時，仰賴的是左腦。

　　右腦綜觀全局、想像、用非語言的圖像符號來記憶訊息，以及欣賞藝術。右腦思考被形容為「散光燈」思考，當要回憶另一個人的臉孔、全神貫注欣賞一首交響樂，或作白日夢時，就要使用右腦功能。

　　由於多數的西方思考概念源自希臘邏輯（希臘邏輯是一種線性邏輯），在西方教育制度中，左腦流程最受到推崇，右腦流程在學校裡較常受忽視，這令許多人很懊惱。

■ 列出左腦與右腦的主要能力

左腦	右腦
• 分析 • 分類 • 語言 • 邏輯 • 記憶 • 數字 • 順序 • 系列化 • 寫作 • 收斂性思考流程	• 藝術能力 • 情感 • 意像 • 想像 • 直覺 • 音樂 • 節奏／身體協調 • 整合 • 戲劇表演 • 發散性思考流程

■ 摘要左腦思考與右腦思考的特徵

左腦思考（收斂性思考）	右腦思考（發散性思考）
• 左腦思考被形容為「聚光燈」思考。 • 左腦功能的特徵是順序與有序。 • 左腦把各部分結合，形成一個有組織的整體。 • 大腦左半球司掌我們的分析、科學、邏輯、數學以及語言的學習。	• 右腦思考被形容為「散光燈」思考。 • 右腦功能的特徵是綜觀與擴散。 • 右腦本能地看整體，然後才看各部分。 • 大腦的右半球司掌我們的藝術、音樂、創新、想像、創業、政治、戲劇、及圖像化傾向。

雖然，我們很難、甚至不可能找到一件事務是完全只使用右腦或左腦思考，下面這練習是主要使用右腦思考的例子。思考以下這個問題，試著提出至少六個回答，把你的回答寫在一張紙上。

■ 為什麼說一個好點子猶如一座冰山？

可能的答案：

- 一個好點子很酷（cool）！
- 一個好點子引人注目。
- 一個好點子可能讓人起雞皮疙瘩。
- 一個好點子可能很容易消失。
- 好點子稍縱即逝。
- 一個好點子看起來渾然天成。
- 一個好點子對周遭有很大影響。
- 一個好點子需要時間來形成。
- 好點子成群出現。
- 只有在適合的條件下，才會創造出好點子，而且，不出現則已，一出現就有許多個。
- 若你忽視一個好點子，它可能導致你沉船。
- 你得走很長的路，才能發現一個好點子。
- 若你走錯地方，就永遠找不到一個好點子。
- 你只能看到一個好點子的一部分，因為看不到的部分更多。
- 一個好點子非常有深度，但不是人人都能欣賞／理解。
- 一個好點子只有十分之一的好處是清晰可見的，十分之九的長期好處藏在水平面下。

心智圖

心智圖（mind map）又稱為「概念圖」（concept map）或「思想圖」（idea map），是圖像式思考或線性思考過程中使用的一種筆記法，有別於傳統線性的筆記技巧。東尼・博贊（Tony Buzan）是概念圖最著名的提倡者暨應用者，雖然，這方法並非源於他，但他提出了最被廣為使用的「心智圖」一詞。

心智圖是基於我們的二分腦（bicameral brain，右腦與左腦）的運作所建構，其概念是：由於線性的做筆記活動只用到我們大腦的一邊，若能用到大腦的兩邊，做筆記將會更有成效，從而促進記憶與理解資訊。因此，心智圖使用一個組織架構，通常是在一大張紙的中央位置寫下中心主題，再延伸發散出許多分支，並使用圖示及顏色，這是運用傳統線性筆記法通常忽略使用的右腦。心智圖有點任意不拘的格式，使我們更容易把「全貌」視覺化，這有助於解決問題。這方法對所有人皆有助益，尤其視覺型學習者特別喜歡心智圖。

一種實用的變化版本是，把心智圖的組織架構和傳統的做筆記結合起來，成為兩欄式筆記。在即時做筆記時，這種格式很有用，上課或聆聽簡報時可以臨場寫下重點及整合相關概念。

以下是建構心智圖的規則：

1. 把核心概念置於一張紙的中央位置，把它框起來。
2. 針對每一個重點，從中央繪出一條分支。
3. 每一條分支可使用一個不同的顏色。
4. 在每一條分支寫下一個關鍵詞或簡短句子。
5. 使用箭頭來顯示各分支之間的關連性。
6. 使用符號或插圖。

7. 使用大寫字體。

8. 用大小字型來區別各個概念／想法的重要程度。

9. 在重要概念下面劃線及用粗體字。

10. 把它製作得有個人風格，適合個人的習慣。

11. 展現創意！

■ 圖表2-1 桑迪・霍奇基斯（Sandy Hotchkiss）製作的「葡萄酒的
世界」心智圖

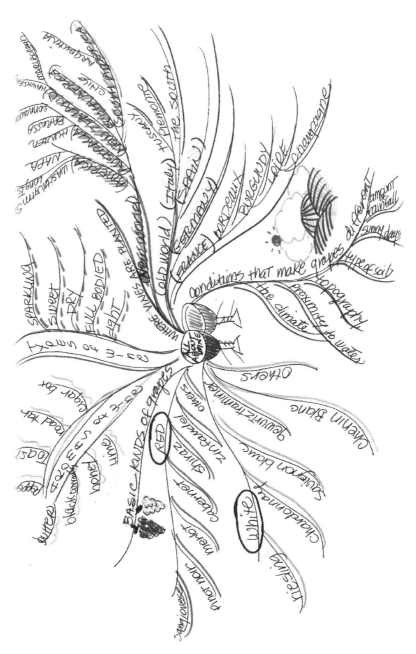

■ 圖表2-2 保羅・佛曼（Paul Foreman）製作的「快樂」心智圖

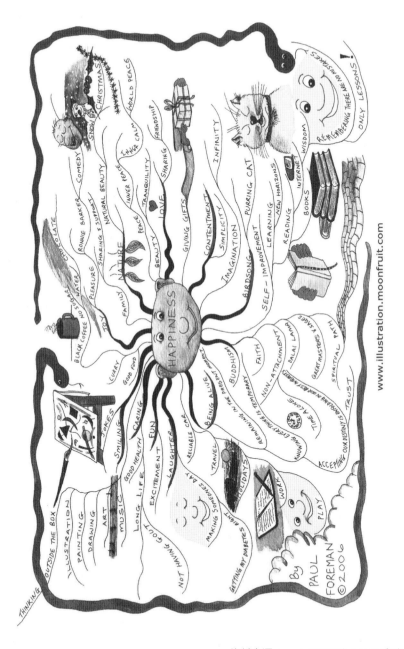

資料來源：www.illustration.moonfruit.com

魔鬼代言人

魔鬼代言人技巧能提高客觀性，作出發散性思考。

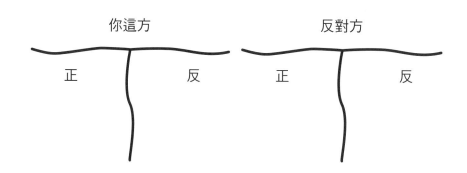

魔鬼代言人（devil's advocate technique）的職責是擁護一個反對或不受歡迎的理由，為的是激發辯論，或是更周延的檢視。

魔鬼代言人這個技巧迫使我們考慮一個問題或主題的「另一面」優點，我們假裝相信反對方的論點正確，這樣可以提高客觀度。這種技巧有助於談判事務，因為它迫使我們去了解對方的立場，好更務實、有效的談判。

設想你是一家知名市場研究公司的分析師，你的目的是撰寫一份有關於A產品的市場經濟情勢報告，你堅持A產品的市場價格敏感度提高，而市場價格差異大多出自產品品質差異性及品牌行銷（或是消費者對於此產品品質的認知，或是品牌強度）。你需要確認你的懷疑，於是，你造訪了負責行銷A產品的一家大公司的行銷總監。但是，且慢！若你和其他分析師的看法相似，這次的訪談只是在強化原本已經相信的看法。訪談時，你應該扮演魔鬼代言人，故意詢問反駁你的看法的問題，像是詢問：「所以，A產品市場的價格敏感度降低，對嗎？」從對方作出的回應，或許能讓你對情勢獲得更完整的了解。

點子殺手與點子產生器

技巧 06	不質疑顯然之事、太快評價看法／點子、害怕顯得愚蠢——這些是創造力的前三大阻礙。

不質疑顯然之事

當我們個人接受現狀時，可能會降低創造力，因此，我們必須質疑、挑戰顯然之事。「1加1真的等於2嗎？」，的確可能等於2，但也可能等於11：「$1 + 1 = 11$」，或者，可能等於「T」——把其中一個1放在另一個1的上方。

管理顧問經常面臨必須質疑顯然之事的情況，舉例而言，一個客戶找來顧問，說：「因為產品成本太高，導致利潤降低，你能不能幫助我設法降低成本？」顧問將本能地質疑這顯然的看法，詢問利潤降低是否真是成本太高導致，也許真正的導因是別的因素，例如價格或銷售量。

太快評價看法／點子

看著你的雙手，你的右手代表「產生點子」，左手代表「評價點子」，通常，一個右手產生的點子由左手立即評價時，可能被左手拍碎，例如說：「這行不通」。創意思考的成功需要把兩隻手分開來，左手（點子評價者）應該先被按住。

在創意思考時，所有看法與點子都可提出，不論其品質如何。它們可能好、壞、有用、沒用、合法、非法，這些都不要緊。後續，那隻評價的左手會派上用場，在那個階段將發生奇怪的事。一些原本會被駁回的看法或點子被重新檢視，可能獲得這樣的評論：「等一下，這個點子可能滿有意思的。」

害怕顯得愚蠢

　　不質疑顯然之事，以及太快評價看法／點子，這些很可能是起因於害怕顯得愚蠢。我們自小就已經學會害怕被嘲笑，這種害怕心理一直伴隨我們，成人之後依舊存在。管理領域可以看到許多好例子，在層級式組織中，低階的團隊成員較不可能提出希奇古怪的看法或點子，因為害怕更高階的團隊成員會認為他們愚蠢，低階者不想毀了升遷機會，因此固守成規。在另一邊，最高階的經理人想保護他歷經多年建立起來的形象，不想讓其部屬認為他是老胡塗，因此也不會提出任何新點子。

　　總之，我們必須盡力避免淡漠、倉卒以及不安感。歷史有太多這樣的例子，有人在評估新點子時不夠前瞻，或是過度輕蔑新的發明、新的藝術或文學風格，尤其是那些被所屬領域視為權威者的人，往往為了保護本身的聲譽而犯錯。以下是來自科學及藝術領域的一些例子。

- 華特・迪士尼（Walt Disney）被「堪薩斯城之星」（Kansas City Star）報社的一位編輯炒魷魚，因為：「他缺乏想像力、沒有好創意」。但多年後，迪士尼公司買下這間報社的母公司美國廣播公司（ABC）。
- 梵谷（Vincent van Gogh）創作了八百多幅畫作，但在他有生之年，僅能賣出一幅，這幅名為《亞爾的紅色葡萄園》（*Red Vineyard at Arles*）的畫作以400法郎（約50美元）賣給他的一個友人的妹妹。
- 1921年，美國戰爭部長紐頓・貝克（Newton Baker）對於美國陸軍准將比利・米契爾（Billy Mitchell）聲稱，飛機能夠投擲炸彈擊沉戰艦的說詞作出如下回應：「那看法太荒謬離奇，我願意站在一艘戰艦的艦橋上，讓那傻子來炸我看看。」

- 1928年，米高梅影業（MGM）如此評論一位名叫佛雷·亞斯坦爾（Fred Astaire）的傢伙的試鏡：「不會演，不會唱，只會跳點舞」。佛雷·亞斯坦後來成為知名演員暨舞蹈家。

- 一個下雨天，畢卡索（Pablo Picasso）詢問巴黎的一位藝術商能否讓他和他的畫作進來躲雨，遭到拒絕。

- 1957年，普林帝斯霍爾出版公司（Prentice Hall）的一位商業書籍編輯說：「我走遍了這個國家，採訪最優秀的人，我可以向你保證，資料處理只是一時的流行，不出一年就退潮了。」

- 1962年，迪卡唱片公司（Decca Recording Co.）面試披頭四樂團（The Beatles）後拒絕他們，說：「我們不喜歡他們的嗓音，而且，吉他彈唱要過時了。」

- 1968年，IBM高級電腦系統事業單位的工程師對微晶片這東西提出疑問：「但是，……它有何用處呢？」

- 二十世紀唱片銷售量最高的搖滾樂女歌手瑪丹娜（Madonna），在1980年代初期曾遭到幾家唱片公司的拒絕。據一位藝人經紀人表示，瑪丹娜的嗓音不夠獨特，很難脫穎而出。

- 1990年代初期，J. K. 羅琳（J. K. Rowling）的《哈利波特：神秘的魔法石》（*Harry Potter and the Philosopher's Stone*）一書遭到十多家英國出版商的拒絕，這些出版公司大多認為這故事不夠主流。

　　作出錯誤判斷及（或）錯失機會的過程，可進一步用「型一錯誤」（Type I error）及「型二錯誤」（Type II error）的架構來說明。這兩類型錯誤也是本書第3章中「假設檢定」（hypothesis testing）的討論內容（參見89頁）。

　　型一錯誤是**有作為的錯誤**（error of commission），型二錯誤是**遺漏的錯誤**（error of omission）。型一錯誤是指我們採行了原本應該否決的方案，型二錯誤是我們否決了原本應該採行的方案；型一錯誤導

致顯著的失敗，型二錯誤導致錯失良機。

型一錯誤發生於當我們採取某個行動，但這是個錯誤之舉。例如：一個影業公司高層主管核准一部電影計畫，結果這部電影票房很差，這就是型一錯誤，這位高階主管在眾目睽睽之下犯錯，因為這類錯誤很顯眼。

型二錯誤發生於當我們不採取一行動，因而錯過一個機會。若一個影業公司高層主管否決製作一部電影，另一家影業公司後來製作了這部電影，並且很賣座，這就是型二錯誤。

型二錯誤儘管很普遍，但通常難以看出。問題在於多數的型二錯誤從未被發現，這是因為許多機會不會在短期重複出現，方案或點子一旦被扼殺或束之高閣後，鮮少會再獲得第二意見，即轉而詢問其他人或組織，看看是否有人想冒個險。

由於型二錯誤大多不顯眼，比起型一錯誤，對人及組織的開辦成本較低。通常，對可能產生巨大成功的計畫說「不」比說「好」更為容易，因為多數時候，永遠沒人知道那被拒的計畫原本會有什麼結果。只要多數個人（以及他們所屬的部門或組織）的績效評量是看他們的決策與工作成果，而非看他們可能錯過了什麼機會，就永遠不會充分用錢來衡量型二錯誤。

技巧 07　切記「點子殺手」與「點子產生器」名單。

點子殺手	點子產生器
• 我們以前試過了。 • 這將花費太高成本。 • 那不是我的工作。 • 那不是你的工作。 • 那不是我們做事的方式。 • 你為何不把點子寫出來？ • 不可能。 • 我覺得那不切實際。 • 你說的也許對，但是，…… • 也許，明年再看看吧。 • 沒破損的，就別修理它。 • 這將花費太多時間。 • 我們的顧客絕對不會接受。 • 我認為那個不重要。 • 我的心意已決。 • 我們的公司太小了。 • 已經夠好了。 • 我們的公司太大了。 • 那是個蠢點子。 • 我們現在沒時間。 • 我不需要更多的資訊了。 • 在這裡，你不能這麼做。	• 有沒有什麼問題？ • 作最後決定之前，我們再次回顧所有選項。 • 我們還可以從何處取得更多有關於這個的資訊？ • 我能問個問題嗎？ • 若……，會發生什麼情形？ • 根據新資訊，我已經改變我的心意。 • 我們可以如何改進……？ • 我想聽聽你對……的看法。 • 我想請你幫忙我正在研究的一個點子。 • 你的意思是這樣嗎？ • 還有誰會受到影響？ • 我們忽略了什麼？ • 我不太解那個，你呢？ • 還有誰有建議？ • 為何我們總是那樣做事？ • 若……的話，不是很有趣嗎？ • 你想到了什麼點子？ • 我們有多少方法可以做這件事？ • 謝謝你們的建議！

腦力激盪

技巧 08 腦力激盪有規則：點子數量多是第一優先；歡迎古怪的點子；不要立刻評估；鼓勵「搭便車」。

　　點子是創造力的根源，腦力激盪是產生點子的好方法。腦力激盪會議通常由6到15人參加，會議室裡有白板（或簡報架）供寫下點子。腦力激盪的目的是產生「新穎但合宜」的點子，這是創造力的核心。為達此目的，必須遵守腦力激盪的「規則」。

　　第一，點子數量愈多愈好，與會者一提出點子，就立即寫在白板上。第二，為使與會者提出真正新穎的點子，告訴與會者：「愈古怪愈好」，讓點子自然地湧現，任何人都不應害怕顯得愚蠢，不論多古怪或愚笨的點子都接受。第三，說完點子再評估，想要產生點子，但又試圖同時評估它們，這是矛盾的，這麼做會打亂別人提出點子。

　　第四，隨著會議推進，與會者將自然地對他人提出的點子搭便車：「噢，那個點子使我想到這個」，和「若是那樣的話，那麼，……，這個如何？」。搭便車的意思是，一個與會者可以使用另一個與會者提出的點子，進一步提出另一個點子。最終，白板上將雜亂地散佈著許多點子，這非常自然，可能使得一些與會者偷笑或大笑，因為大家很少體驗過這種自由發揮的活動，尤其是在辦公室的環境中。一旦把白板上的點子重新分類與總結後，結果可能令人大吃一驚，像是對腦力激盪功效不熟悉的經理人，通常會驚訝於幕僚及員工的「集合腦力」中，竟然存在這麼多以往從未被發掘出來的商業可行點子。

▌商業腦力激盪問卷調查

下方＜圖表2-3＞的商業問卷調查是激發思考的工具，增進你對你的公司、其產品以及當前市場機會的了解，在公司舉行的團體腦力激盪會議中使用，效果最好。

這份問卷調查內含一個最耐人尋味的提問：「我們從事的**究竟**是什麼事業？」，與會者對這個提問的回答或許能幫助一公司藉由擴大（或者縮窄）其事業的範疇，重新定義其事業，許多企業領導人使用這個疑問來尋找新的市場機會。時間一久，我們常常故步自封，或是愈做愈小。以印刷報紙公司為例，它從事的是什麼事業呢？可能有人回答：「報業」，但它從事的**究竟**是什麼事業呢？一個可能的回答是：「資訊業」，這個新定義的事業範疇帶來新的可能性。

這樣的一家公司，面臨的機會可能不是銷售更多報紙的挑戰，而是進入新的相關市場。一家航空公司從事的是航空業，或是運輸業？可口可樂呢？可口可樂曾經自我定義為清涼碳酸飲料公司，它囊括了80%的市場占有率。當它重新定義為即飲飲料公司，市場占有率就降低至10%，即飲飲料市場涵蓋瓶裝水、柳橙汁、牛奶，以及其他瓶裝、罐裝或容器裝的飲料，這個重新定義徹底改變該公司對其市場潛力的認知，也使它的行銷工作改弦易轍。

▣ **圖表2-3 我們從事的究竟是什麼事業？**

1. 我們的事業是什麼？
1a. 我們從事的**究竟**是什麼事業？
1b. 我們應該從事什麼事業？
1c. 我們從事的什麼業務或許是我們不該做的？
1d. 一年後，我們將身處何處？兩年後呢？五年後呢？十年後呢？（為什麼？）
1e. 總體經濟、政治及地緣政治事件，將如何影響我們的事業？

2. 我們是誰？

2a. 習題：為我們的公司撰寫一頁履歷表，內容包括：經驗、教育、成就、推薦人。

2b. 我們究竟擅長做什麼？（我們的核心能力是什麼？）

2c. 問問自己：我帶給（或能夠帶給）我們公司什麼資產？什麼技能？什麼人脈？

2d. 我們應該擅長於（但還未擅長於）哪些事？

3. 我們向誰銷售什麼？

3a. 我們的顧客是誰？誰向我們的公司購買？（誰購買我們的每個產品？）

3b. 他們為何購買？

3c. 我們真正銷售的是什麼？我們的顧客購買什麼益處？他們獲得什麼益處？

3d. 誰原本能夠或應該向我們公司購買，但未購買？

3e. 他們為何不購買？

4. 誰是我們的競爭者？

4a. 誰與我們競爭？他們從事什麼事業？

4b. 他們有何獨特賣點／優勢？我們公司有何獨特賣點／優勢？

4c. 他們有何弱點？我們公司有何弱點？

4d. 他們如何廣告與推銷？

4e. 他們的訂價與折扣政策是什麼？

4f. 他們的客服政策與實務是什麼？

4g. 他們的關鍵人物是誰？我們對他們了解多少？他們的資歷、長處與弱點、個性特質？

5. 我們的競爭地位如何？

5a. 我們身處哪些市場？

5b. 在每個市場上，我們的競爭者是誰？

5c. 我們的競爭地位如何？

5d. 我們在哪些部分比較強？我們在哪些部分比較弱？

5e. 若我們身為競爭者，會如何攻擊我們的公司，以搶奪我們的業務？

6. 我們可以如何改進客服？

6a. 我們的顧客對我們公司的服務感覺如何？為什麼？

6b. 我們的客服有什麼優點？人們稱讚或感謝我們的部分是什麼？

6c. 我們可以在哪些部分改進我們的服務？顧客抱怨什麼（縱使錯不在我們）？我們如何處理這些抱怨？能改進這些嗎？

6d. 我們公司的客服政策是什麼？有明文規定嗎？在哪裡公布？公司所有人都知道它們嗎？

6e. 如何使顧客感覺就像「我們團隊的一份子」？

6f. 你能想到用哪些方法來向我們的顧客提供更好的服務及（或）價值？（在這個階段，盡可能思考愈多的點子，側重數量，而非品質——至少，現下先重量不重質。）

7. 廣告與推銷

你能想到用哪些方法來推銷我們公司的業務？（在這個階段充分發揮你的想像力：古怪、不切實際的點子跟務實的點子一樣受到歡迎，重量不重質，後面再刪節。）

重新架構問題

技巧 09 探索這個問題是否為真正的問題，試著重新定義問題。

想一想下面這個問題：「一間餐廳正在流失顧客，因為顧客不耐煩在外面大排長龍等候座位。」

若你是這間連鎖餐廳公司總部的顧問，會提出什麼建議？

可預期的常見解決方案包括：

* 擴大餐廳場地，以容納更多顧客。
* 簡化流程，以加快點餐及上餐速度。
* 拒絕讓只點飲料、不點餐的顧客占桌。

這些全都是可能的解決方案，但是，它們只處理了一部分問題，就是加快服務顧客及顧客用餐的整個過程的速度。另一個目標是設法使人們有耐心排隊等候，為達此目標，有很多可能的策略，例如：安裝電視，讓顧客邊等候邊看電視；發送免費點心給等候的顧客；對排隊等候的顧客進行市場調查；向排隊等候的顧客提供現場或錄影娛樂（例如：請樂隊演奏）。

另一個目標是避免餐廳在一天的特定時段有太多顧客，辦法是讓更多的常客在非尖峰時段來用餐，例如：對特定時段用餐者供應特別晚餐或飲品折扣，或是在特地時段舉行特殊的活動，例如：演講、簽書會和吉他獨奏等等。

很少人會後退一步，冷靜思考，嘗試定義別的目標，多數人讀到或聽到一個問題時，幾乎立刻開始研擬策略。想要變得更有創意，方法之一是針對每個問題狀況，明確地定義起碼兩、三個不同的目標。

　　這裡再舉一個例子：一個農產品進口商協會想要減少梨子在運送過程中碰傷的數量，進口商起初定義它們的目標是：「降低梨子在運送過程中的碰傷或損壞率」，這就產生了各種修改通路系統及包裝程序的辦法，例如：用保護套及墊料保護梨子、使用較小的包裝箱。雖然處理了部分問題，卻沒有一個能徹底解決的辦法。

　　重新架構這問題後，得出一個新目標：「培植出較不易碰傷的梨子」，這包括雇用專家研究培植梨子的過程。靠著探索改良梨子，最終解決這問題的一部分：一種「蘋果梨」誕生，有梨子味道，但具有蘋果堅固特性，現在，雜貨店可以販售大量無瑕疵的混種梨了。養成習慣，思考這問題是否為真正的問題，這目標是否為真正的目標？

推銷創意點子

技巧 10 在推銷創意點子時，多數人較容易被推銷者的信念及努力打動，而非邏輯說明的細節。

為把創意點子轉化成現實，你必須取得組織中關鍵人物的支持。現實世界裡，一個創意點子是否被接受，公司政治的影響力不亞於受到技術性考量。首先，你應該把人人都視為你的盟友，先取得組織架構中階層較低的反饋意見，聽聽人們對你的創意點子提出的問題，了解你的點子有哪些優缺點。別妄想取悅所有人，一定會有人反對。為你的計畫爭取支持的途徑之一是，徵詢那些你預期最受影響者的意見。

多數好點子的打擊與挫敗來自無關緊要的問題。不意外地，那些將受到一個新點子的實行影響最大的人，往往會提出無關緊要的問題，所以，你可以利用這事實，記下這類問題，做好辯護準備。

假設你的點子很好，將會有人想投資於它，就讓他們投資吧。切記，讓他人覺得你並不想獨攬功勞，那些支持你的點子的人將希望獲得一些回報，所以他們接受點子後，你必須研判這「回報」指的是什麼。絕對別以為不必調整點子，折衷讓步是一個無可避免的現實。

最後，認真想想，誰是這個點子的最終決策者——你真正的聽眾，你必須對他們做些研究。你對聽眾愈了解，就愈能量身打造你的提案簡報，最好的簡報是客製化、有條理與熱情洋溢，你應該致力於結合邏輯與新穎性。切記，研究指出，人們較容易被提案者對點子的熱情與投入程度打動，而非有邏輯、詳細的簡報。

第3章

作決策

「沒有什麼比能夠作出決策更為困難,因而
更難能可貴的事了。」

——拿破崙

概述

本章介紹各種決策工具，可用以解決問題或掌握機會，是關於推理的應用，這些方法的最大好處應該是提升我們架構思考流程的能力。想像一下，有誰能在沒有計畫之下建造一棟房子。在決策流程中加入架構，就像建造房子之前有一份藍圖，當然，沒有藍圖也能蓋房子，但不若有藍圖之下那麼準確或有效率。架構化決策和作決策的一個重要區別是，並不是由架構作出決策，而是**人在決策**。

本章介紹的工具基本上是「樹狀圖」與「矩型圖」架構，樹狀圖提供秩序與層次，矩型圖摘要資料或資訊。使用「樹狀圖」的架構相似於繪出流程圖，決策樹是一個典型例子，用於圖示資訊，把結果視覺化。

使用「矩型圖」架構相似於使用一張表來整理資訊或資料，不過，在本章中，「矩型圖」大多指**矩陣**。分析過程中經常需要比較根據兩個（或更多個）變數的資訊，這得出四種（或更多種）不同的結果，舉例而言，一座工廠裡的作業可能涉及製造小機件和大機件、銀色機件和金色機件，矩陣幫助我們在一張表上整理資訊，快速看出每個類別中有多少個產品：銀色小機件、銀色大機件、金色小機件以及金色大機件。

加權排序幫助我們把決策流程量化，以評估結果或選項。這方法是：對每個項目作出排序，並賦予權重。舉例，當我們購買一棟房子，想要作出最佳決策時，假設我們認為理想的房子應該結合適當的地點、面積和宜居性。加權排序，不僅根據這三項標準來排序候選的房子，也對這些標準賦予權重（或機率），使最佳選擇得以量化。

當我們想判斷一個看法或理論是否務實時，假設檢定是個滿好的工具。假設檢定提供用以檢定看法的架構，先有一個假設——我們試

圖證明的一個陳述，從提出疑問開始，社會科學、商業或科學等領域全都適用，例如：「碧眼的人更愛交際嗎？」（社會科學）；「股票經紀人的股票投資決策真的優於一般商界人士嗎？」（商業）；「我得了癌症嗎？」（科學）。

最後，我們探討囚徒困境，這是一種混合動機的賽局，我們可以從中洞察「合作與競爭」的益處，這與個人相對於群體的決策有關。

正反面分析

正反面分析可以用一個T型圖來呈現，正面看法列於一邊，反面看法列於另一邊。

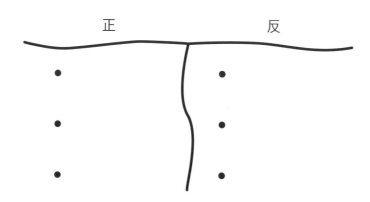

正　　　　　　　　　反

　　　　　每個議題有多少面向觀點？其實有三面，包括正反兩面，以及「中間」觀點。但在正反面分析（pros-and-cons analysis）中，為單純起見，我們假設每個議題有兩面觀點，有利的觀點稱為「正面」，不利的觀點稱為「負面」（利用T型圖〔T-Account〕呈現）。實務上的做法是，在評估一主題或議題之前，由正面與反面分別提出三個支持觀點。

　　　　　要使思考更全面，就要看到一個議題的兩面。正反面分析的第二個好處是，它迫使我們考慮正面觀點，而非只看負面觀點。多數人天生傾向找缺陷，正反面分析的視角更平衡。高中和大學時期的辯論賽的好處是，訓練學生考慮一個議題的兩面，在辯論賽中，選手必須對同一個主題的正反兩面準備辯護與攻勢。

　　　　　請注意，在適用的情況下，正反分析應該包括**質化**（亦即無具體金額的）及**量化**（亦即有具體金額的）支持觀點。

要不要都更拆掉老房子？

想像你任職一個大城市的都市規畫局，身為幕僚的你必須建議是否要都更。為周延思考——考慮一個議題的正反兩面，我們在正反分析表中的每一個項目符號旁邊填入支持例子。

> **主題**　「雖然，多數人會贊同老屋代表過往社會的寶貴紀錄，但當都市規畫師認為這類老屋的所在地可以做更好的使用時，市政府應該化解支持拆掉老屋的疑慮。」
>
> ▶請列出拆掉或保留一棟老屋的決策背後的正反理由。

▣ 正反分析要點範本

正	反
大體上，我贊同我們應該消除疑慮，支持拆掉老屋。	大體上，我不贊同我們應該消除疑慮，支持拆掉老屋。

量化支持觀點

正：
-
-
-

反：
-
-
-

質化支持觀點

正：
-
-
-

反：
-
-
-

▣ 填入正反觀點

	正	反
	大體上，我贊同我們應該消除疑慮，支持拆掉老屋。	大體上，我不贊同我們應該消除疑慮，支持拆掉老屋。
量化支持觀點	• **收入流**：新屋能賺更多租金或出售額。 • **收入流**：新屋能賺更多稅收。 • **成本**：老屋的維修成本高，新屋可避免高維修成本。	• **收入流**：老屋能賺取更多觀光收入。 • **收入流**：富有的人經常捐款以維護古老或歷史性建築。 • **成本**：蓋新屋需要巨大資金，這得動用寶貴的市政基金。
質化支持觀點	• **安全性**：新屋較安全。 • **建築**：新屋在視覺上與其他現代建物更協調。 • **美學**：新屋是力量與進步的象徵。	• **教育**：老屋有文化、教育及歷史價值。 • **建築**：老屋與新屋在視覺上提供有趣的對比。 • **美學**：老屋提供懷舊感。

問題06 公司培訓

在以下的正反面分析表中，填入支持或反對提供公司內部培訓的假設性質，但似乎有理的理由。

主題 「Super公司的人力資源部門主管認為，需要一個制式的內部訓練方案來幫助員工建立技能，以使員工能執行新工作，避免為新職務自外招募新員工所帶來的成本。但一些主管認為，制式的內部訓練將占用寶貴的公司時間，且未能保證成效，或是因為員工離職率高而損失訓練效益。」

▶請使用正反面分析，評估支持或反對公司內部培訓的理由。

（解答請見207頁）

▣ 填入正反觀點

	正	反
	是的，我贊同我們應該提供內訓。	不，我不認為我們應該提供內訓。
量化支持觀點	• • •	• • •
質化支持觀點	• • •	• • •

矩陣

技巧 12　矩陣是個實用的工具，用以摘要可對比兩個變數的資料，整理成四種不同的結果。

了解矩陣

　　最常見的矩陣是兩行兩列的表，矩陣被用以摘要呈現資料，將兩個項目對應另外兩個項目，得出四種可能性或結果。下方<圖表3-1>的矩陣是源自一個著名的時間管理原則，凸顯必須聚焦於「重要但不緊急」的事務。

▣ 圖表3-1　時間管理矩陣

	重要事務	不重要事務
緊急事務	**重要且緊急的事務** • 例子：一項重大計畫三天後得交差！ • 導致危機管理。 • 這情況不存在時間管理問題。	**不重要但緊急的事務** • 例子：電話鈴響，你必須接聽（這是不重要但緊迫的事；跟手上的計畫無關）。 • 這情況中，良好的時間管理指的是有截止時間。
不緊急事務	**重要但不緊急的事務** • 例子：被指派一項重大計畫，但三個月後才交差。 • 不能迴避的事。 • 沒有對這件事投入足夠時間。 • 區分有成效和無成效的個人。 • 這情況存在時間管理問題。	**不重要且不緊急的事務** • 例子：你白天參與一個社區服務活動（跟手上的計畫無關）；當天晚上看電視。 • 消磨時間的工作；沒壓力的工作；浪費時間。 • 低優先次序事項。 • 在這情況中，良好的時間管理指的是有截止時間。

除了數字，矩陣也處理資訊——只要橫向與縱向參照檢視時，資訊合理即可。當矩陣中含有數字時，我們的工作是填入已知資訊，再透過簡單的數學運算，找到未知的資訊。

舉例而言，玩具工廠生產線剛產出了一批玩具，每個玩具具有四個特徵中的兩個：每個玩具不是藍色就是綠色，每個玩具不是大尺寸就是小尺寸。因此，一個矩陣必須確保所有橫向列的加總總數相同於所有縱向行的加總總數，這總數置於延伸矩陣的最右下角，以「xxx」代表。可以用虛線延伸原始的四方格矩陣。

▌玩具生產

這裡使用九宮格表來處理此問題。

顏色

尺寸		藍色	綠色	
	大	x	x	xx
	小	x	x	xx
		xx	xx	xxx

例如，總共產出100個玩具，這數字「100」置於延伸矩陣的最右下角。根據可得資料，填完後的矩陣可能如下：

顏色

尺寸		藍色	綠色	
	大	20	45	65
	小	10	25	35
		30	70	100

為何矩陣能處理得如此乾淨俐落？只要確保所有資料是「彼此獨立，互無遺漏」（mutually exclusive and collectively exhaustive）。什麼意思呢？「**彼此獨立**」指的是各筆資料不重疊，是互異的；換言之，玩具不是藍色就是綠色，不是大尺寸就是小尺寸，不能有既是藍色、又是綠色的玩具（例如藍綠色或藍綠相間），不能既大且小（亦即中等尺寸）。「**互無遺漏**」指的是資料數是確定的，玩具總計100個，其中30個是藍色，70個是綠色，65個是大尺寸，35個是小尺寸。「彼此獨立，互無遺漏」的資料確保所有橫向列的加總總數相同於所有縱向行的加總總數。矩陣也處理資訊（參見64頁＜圖表3-1＞），只要橫向與縱向參照檢視時，資訊合理即可。

由於矩陣把資訊處理得如此乾淨俐落，無怪乎它們是顧問喜歡使用的工具。傳說有一名資淺管理顧問太醉心於矩陣了，他把矩陣稱為「樂趣方陣」！

事實上，矩陣是能夠容納大量資訊的好工具。例如，從下方＜圖表3-2＞的「高—低」矩陣能看出很多資訊。這個矩陣可被用來分析，在某個競爭市場上，構成一公司獲利能力的兩個基本成分——利潤與銷售量——可能如何彼此助長，或彼此消長。

◼ 圖表3-2 時間管理矩陣

利潤

銷售量		高	低
	高	1. 銷售量高，利潤高	2. 銷售量高，利潤低
	低	3. 銷售量低，利潤高	4. 銷售量低，利潤低

這個「高一低」矩陣可用來指出特定公司或產業的競爭狀態：

1. **高銷售量，高利潤。**電腦軟體產業提供這樣的公司例子，例如早年的蘋果及微軟能夠在有限的時期銷售大量高利潤產品。
2. **高銷售量，低利潤。**航空業是一個例子，以低利潤銷售大量產品（座位）。
3. **低銷售量，高利潤。**高級時尚產業是一個例子，能夠以高利潤（有時是非常高的利潤）銷售相對較少量的產品。
4. **低銷售量，低利潤。**炸魚薯條餐廳（Sam's Fish & Chips，即一般性產品的地方性販售商）銷售少量的低利潤產品。

這個「高一低」矩陣說明企業如何生存與繁榮。公司當然希望能落在第一類，享有高銷售量及高利潤，但現實中，競爭市場通常不會讓這種狀態長久持續，一個原本落在第一類的公司可能因為競爭者進入其市場，而被迫進入第二或第三類。

許多企業落在第二或第三類，亦即高銷售量，低利潤（第二類），或銷售量較少，但利潤不錯（第三類）。那些能夠維持生存，但無法成長到進入第二或第三類的小企業屬於第四類。一般來說，一間成熟的大公司無法長久維持低利潤及低銷售量。

矩陣vs.表格

表格與矩陣的使用，常引起困惑。矩陣雖看起來像表格（其實，所有矩陣都是表格，但非所有表格都是矩陣），它們是截然不同的工具。如前所述，矩陣必須能夠橫向與縱向參照，表格只是展示或分類相關資訊，但表格不應被用來呈現或整理隨機資料。

像是68頁的表格A使用得宜，因為裡頭的資訊有關連性，這個表格把行銷研究區分成四個不同領域。

■表格A：行銷組合

產品	推銷
價格	地點（通路）

下方表格B裡頭的資訊呈現得不佳，因為這些字詞顯得隨機、任意。

■表格B：歐洲的醫學發現

巴黎	馬德里
倫敦	阿姆斯特丹

表格B提及的城市應該以列舉形式呈現：

1）巴黎
2）倫敦
3）馬德里
4）阿姆斯特丹

右頁的＜圖表3-3＞看起來雖像矩陣，但其實不是，因為它只有縱向參照，沒有橫向參照。這張圖表應該附上以下說明：

我們現在聽到太多有關於資訊的東西，但怎樣的資訊才稱得上是「好」資訊呢？從四個品質層面——**易於存取、摘要化、相關性及客製化**——來檢視，最能了解資訊的好壞，當資訊符合上述所有層面時，它就是有效率且有效用的資訊。

「易於存取」及「摘要化」這兩個層面跟資訊的效率性

（efficiency）有關，「相關性」及「客製化」這兩個層面跟資訊的效用性（effectiveness）有關。在一般的談話中，效用與效率這兩個詞彙常被互用，因為只要是有效率——亦即「易於存取」（層面1）且「摘要化」（層面2）——的資訊，向來就被視為是有效用的資訊。

這張圖表的目的是要凸顯效用性——「相關性」（層面3）及「客製化」（層面4）——的重要性，資訊必須既有效率、也有效用，否則，使用者無法容易地使用及內化。資訊若缺乏效用性，就無法被易於想起或據以行動。符合所有這四個層面的資訊，或可被稱為「透明」資訊，非常現成且便於使用，因此總是被使用者想起。

▣ 圖表3-3 有效的資訊

<table>
<tr><td rowspan="2">效率性</td><td>層面1：易於存取
資訊必須恆常易於存取及可移動，不能只是存在箱裡。

重要概念：容易找到
關鍵字：能取得，能找到</td><td>層面3：相關性
資訊必須有針對性且切要，對使用者才有意義與重要性。

重要概念：易於應用
關鍵字：針對性，可應用，相關性高</td><td rowspan="2">效用性</td></tr>
<tr><td>層面2：摘要化
資訊必須以摘要形式保存，必須經過萃取與濃縮。

重要概念：易於消化
關鍵字：精簡，精華，萃取</td><td>層面4：客製化
資訊必須能夠被修改與調整，以符合使用者的風格或需要。

重要概念：易於改編
關鍵字：可擁有，可風格化，可個人化</td></tr>
</table>

使用矩陣

　　找工作：一個工作有35名應徵者，其中20人有至少七年的工作經驗，23人有學位，3人的工作經驗少於七年、且沒有學位。有至少七年工作經驗、並且有學位的應徵者有多少人？

　　步驟1：繪出矩陣，把已知資訊填入相應的方格中。填入問號的方格代表我們試圖找出的數值。

	工作經驗少於七年	工作經驗至少七年	
有學位		?	23
無學位	3		
		20	35

　　步驟2：把各列與各行的總數計算出來，填入虛線構成的方格中。

	工作經驗少於七年	工作經驗至少七年	
有學位		?	23
無學位	3		12
	15	20	35

　　步驟3：由於各列與各行的方格數值加總後必須等於各列各行的總數，使用簡單的數學，就能計算出中間四個方格的數值。

	工作經驗少於七年	工作經驗至少七年	
有學位	12	11	23
無學位	3	9	12
	15	20	35

因此，有至少七年工作經驗、並且有學位的應徵者為11人。

使用矩陣分析，計算出下列每一個問題想要的結果。

問題07 單身

在一門研究所課程中，70%的學生是男性，30%的學生已婚。若20%的學生是已婚男性，那麼，有多少比例的女性學生是單身？

（解答請見208頁）

問題08 電池

在一家新創公司的工廠，每製造出一批100顆的電池，有五分之一有瑕疵，所有電池中有四分之一被品管員拒收。若無瑕疵的電池中有十分之一被品管員錯誤地拒收，且所有未被品管員拒收的電池皆已賣出，請問，該工廠賣出的電池中有多少比例是有瑕疵的？

（解答請見208頁）

問題09 審問

警方運用刑事審訊技巧訓練取得有關於受審問者有罪或無罪的資訊與證據，有四種可能審訊結果：

（1）此人的確犯罪，且在審問中說實話（承認他們確實犯下的罪）。

（2）此人的確犯罪，但在審問中沒說實話（確實犯罪，但聲稱無辜）。

（3）此人未犯罪，且在審問中說實話（聲稱無辜，也確實未犯罪）。

（4）此人未犯罪，但在審問中沒說實話（實際上未犯罪，卻認罪）。

（接下頁）

（接上頁）

依據以往的統計資料，簡單地說，某人被控犯罪、並接受審問時，此人實際上未犯罪的可能性為75%，此人在審問中未說實話的可能性為20%，此人未犯罪、卻認罪的可能性為2%。基於這些統計數字，一個人確實犯罪、並且在審問中說實話（亦即承認他們確實犯下的罪）的可能性是多少？

（解答請見209頁）

決策樹

技巧 13　決策樹以樹狀圖呈現一決策情境中可能導向的多種結果。

　　門外漢可能對「**重罪**」、「**違規**」、「**輕罪**」、「**侵權**」之類的名詞很困惑，法學院的新鮮人如何把這些詞彙放進一個決策樹中，以幫助了解判例法？方法之一是從法庭／法官可能對一個有罪裁定判處的懲罰輕重程度，來看待每一個名詞。

　　下列10個名詞有何關連性？

重罪	民事過錯（侵犯個人的不法行為）
違規	侵權
兇殺	叛國
違法	犯罪（公共違反行為）
輕罪	違約

　　74頁＜圖表3-4＞的決策樹，是描述這些法律名詞之間的邏輯關係流程圖。民事過錯（civil wrong）又名「侵犯個人的不法行為」（private wrong），發生於個人之間；違約指具有法律約束力的合約裡，其中一方違反合約的條款；侵權（tort）是一個通用術語，指對另一人造成傷害的行為（例如：威脅作出攻擊）。另一方面，犯罪（crime）涉及公共違法行為，非正式地說，違規（infraction）是「輕微的違法」（例如：違規停車），輕罪（misdemeanor）是「輕微的刑事犯罪」（例如：商店行竊），重罪（felony）是「重大刑事犯罪」，其中，兇殺（謀殺）及叛國被認為是最嚴重的。

很多人會覺得，上述這段文字讀起來繁雜難懂，我們需要樹狀圖來摘要各種罪行及其嚴重程度，參見＜圖表3-4＞。

■圖表3-4 決策樹──違法種類

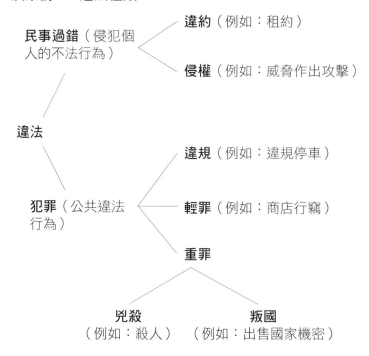

右頁＜圖表3-5＞的決策樹呈現擲一枚銅板三次的可能結果，H代表正面（人頭），T代表反面（字體），總計有八種可能性：正─正─正（HHH）、正─正─反（HHT）、正─反─正（HTH）、正─反─反（HTT）、反─正─正（THH）、反─正─反（THT）、反─反─正（TTH）以及反─反─反（TTT）。雖然，用縮寫字母寫出可能性很精簡，但不如用視覺形式呈現那麼易於理解。決策樹非常具有使用者親和性。

■圖表3-5 決策樹——擲一枚銅板三次

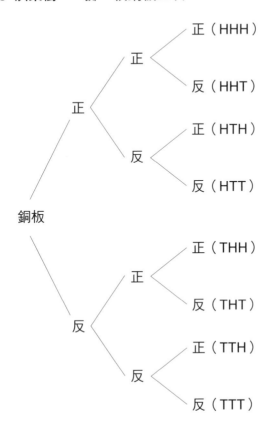

一家餐廳供應午餐套餐，用餐者可以選擇兩種開胃菜之一（湯或沙拉），三種主菜之一（義大利麵、雞肉或魚），兩種甜點之一（派或蛋糕），兩種飲料之一（咖啡或茶）。請繪製決策樹，顯示一位用餐者能選擇的套餐組合數量。

（解答請見210頁）

機率樹

技巧 14 機率樹終端分枝的所有機率總和必須等於1，亦即所有個別機率的加總等於1。

下方＜圖表3-6＞顯示每個事件的發生機率，所有事件發生機率的總和必然等於1，亦即把每一個端點的機率加總起來等於1（$8 \times \frac{1}{8} = 1.0$）。每一個端點的機率為$\frac{1}{8}$，這是連擲三次銅板的結果機率（亦即$\frac{1}{2} \times \frac{1}{2} \times \frac{1}{2} = \frac{1}{8}$）。

▣**圖表3-6 機率樹──擲一枚銅板三次**

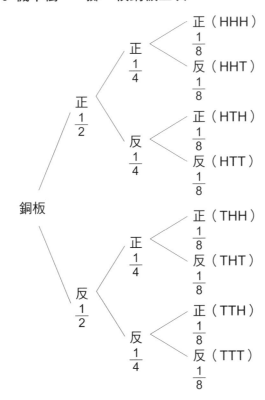

加權排序

技巧 15 加權排序是使用加權平均來找出解答的一種工具。為計算加權平均數，我們把每一個事件乘以一個權重，再將所有結果加總。若使用事件發生機率來為權重，就是把每一個事件乘以其發生機率，再將所有結果加總。

扼要說明

　　加權平均的概念其實相當直覺，為計算加權平均數，我們把每一個事件乘以對應權重，再把所有結果加總。事件指的是我們想要評量、排序或判斷的事情，權重指的是我們對每個事件的強調程度，通常用百分比、分數、十進制小數或機率來表示。加權平均的妙用在於我們可以根據事件的相對重要程度來給予不同的權重，愈重要的事件，給予較大的權重。

　　以下是兩事件的加權平均數計算公式：

加權平均數 ＝（事件$_1$ × 權重$_1$）＋（事件$_2$ × 權重$_2$）

另一種公式是：

事件$_1$ × 權重$_1$ ＝ xx
事件$_2$ × 權重$_2$ ＝ <u>xx</u>
<u><u>xx</u></u>

■ 例一：成績或績效評量

一名學生期中考得60分（滿分100分），期末考得90分（滿分100分），若兩次考試的權重相同，各占最終成績的50%，那麼，他的這門課最終成績是多少？

$$60 \times 50\% = 30$$
$$90 \times 50\% = \underline{45}$$
$$\underline{75}$$

根據前述相同資訊，若期中考的權重為40%，期末考的權重為60%，他的最終成績是多少？

$$60 \times 40\% = 24$$
$$90 \times 60\% = \underline{54}$$
$$\underline{78}$$

上述權重也可以用分數或小數來表示：

$$60 \times \frac{40}{100} = 24 \qquad 60 \times 0.4 = 24$$
$$90 \times \frac{60}{100} = \underline{54} \qquad 90 \times 0.6 = \underline{54}$$
$$\underline{78} \qquad\qquad\qquad \underline{78}$$

招募與升遷決策是主觀影響重於客觀決策流程情況的典型例子，因此，加權排序代表一種把決策可能性量化的方法。

舉例而言，一家公司有10名銷售員，該公司將從這10人當中選出一人擔任全國銷售經理。80頁＜圖表3-7＞首先用三項遴選標準對這10位候選人進行1到10分的評分排序，10分代表最高評分。

接著，分別對這三項遴選標準——技術性技能、人際技巧、過去績效——給予0.2、0.3及0.5的權重，如右頁＜圖表3-8＞所示。這是使用小數（0.2、0.3、0.5）來表示權重，我們也可以使用百分比（20%、30%、50%），或分數（$\frac{1}{10}$、$\frac{3}{10}$、$\frac{5}{10}$），或整數（2、3、5）來表示。根據加權計算後的結果（參見右頁＜圖表3-9＞），莎賓娜獲得最高排序，喬治次之。

加權平均法中使用的權重通常全部加起來等於1或100%，當使用百分比、分數、小數或機率為權重時是如此，但有時候，有些問題會使用加總起來不等於1的任意權重。

▣圖表3-7 銷售員的表現

	技術性技能與產品知識	人際技巧與溝通能力	過去績效與成事能力
亞伯特	2	3	7
貝蒂	5	2	6
喬治	6	5	9
傑德	3	7	1
朱諾	8	10	3
瑪莎	10	1	2
派翠西亞	1	4	8
蘭迪	9	9	4
莎賓娜	4	6	10
威廉	7	8	5

■圖表3-8 使用加權平均後的銷售員表現

	技術性技能與產品 知識權重 = 0.2	人際技巧與溝通 能力權重 = 0.3	過去績效與成事 能力權重 = 0.5	總分
亞伯特	2 × 0.2 = 0.4	3 × 0.3 = 0.9	7 × 0.5 = 3.5	4.8
貝蒂	5 × 0.2 = 1.0	2 × 0.3 = 0.6	6 × 0.5 = 3.0	4.6
喬治	6 × 0.2 = 1.2	5 × 0.3 = 1.5	9 × 0.5 = 4.5	7.2
傑德	3 × 0.2 = 0.6	7 × 0.3 = 2.1	1 × 0.5 = 0.5	3.2
朱諾	8 × 0.2 = 1.6	10 × 0.3 = 3.0	3 × 0.5 = 1.5	6.1
瑪莎	10 × 0.2 = 2.0	1 × 0.3 = 0.3	2 × 0.5 = 1.0	3.3
派翠西亞	1 × 0.2 = 0.2	4 × 0.3 = 1.2	8 × 0.5 = 4.0	5.4
蘭迪	9 × 0.2 = 1.8	9 × 0.3 = 2.7	4 × 0.5 = 2.0	6.5
莎賓娜	4 × 0.2 = 0.8	6 × 0.3 = 1.8	10 × 0.5 = 5.0	7.6
威廉	7 × 0.2 = 1.4	8 × 0.3 = 2.4	5 × 0.5 = 2.5	6.3

■圖表3-9 銷售員排序

	技術性技能 與產品知識 權重 = 0.2	人際技巧與 溝通能力 權重 = 0.3	過去績效與 成事能力 權重 = 0.5	總分 （愈高愈好）	排序 （愈低愈好）
莎賓娜	4 ×0.2 = 0.8	6 × 0.3 = 1.8	10 × 0.5 = 5.0	7.6	1
喬治	6 × 0.2 = 1.2	5 × 0.3 = 1.5	9 × 0.5 = 4.5	7.2	2
蘭迪	9 × 0.2 = 1.8	9 × 0.3 = 2.7	4 × 0.5 = 2.0	6.5	3
威廉	7 × 0.2 = 1.4	8 × 0.3 = 2.4	5 × 0.5 = 2.5	6.3	4
朱諾	8 × 0.2 = 1.6	10 × 0.3 = 3.0	3 × 0.5 = 1.5	6.1	5
派翠西亞	1 × 0.2 = 0.2	4 × 0.3 = 1.2	8 × 0.5 = 4.0	5.4	6
亞伯特	2 × 0.2 = 0.4	3 × 0.3 = 0.9	7 × 0.5 = 3.5	4.8	7
貝蒂	5 × 0.2 = 1.0	2 × 0.3 = 0.6	6 × 0.5 = 3.0	4.6	8
瑪莎	10 × 0.2 = 2.0	1 × 0.3 = 0.3	2 × 0.5 = 1.0	3.3	9
傑德	3 × 0.2 = 0.6	7 × 0.3 = 2.1	1 × 0.5 = 0.5	3.2	10

■ 例二：西洋棋

在西洋棋中，一個兵值1分，一個騎士（馬）或主教（象）值3分，一個城堡（車）值5分，一個皇后值9分。棋手A有兩個城堡、一個騎士以及三個兵；棋手B有一個主教、四個兵以及一個皇后。此時，誰領先？領先多少？

	棋手A	棋手B
兵	$3 \times 1 = 3$分	$4 \times 1 = 4$分
主教		$1 \times 3 = 3$分
騎士	$1 \times 3 = 3$分	
城堡	$2 \times 5 = 10$分	
皇后		$1 \times 9 = 9$分
總分	16分	16分

答案：兩位棋手都是16分，勢均力敵。

■ 例三：甜蜜的16歲

珍在她16歲生日那天分別從兩位叔叔那裡獲得500美元的賀禮，兩份賀禮分別存入兩個銀行戶頭，第一家銀行支付年息6%，第二家銀行支付年息7%。這兩筆錢在一年後總計賺多少利息？

$$\$500 \times 6\% = \$30$$
$$\$500 \times 7\% = \underline{\$35}$$
$$\underline{\$65}$$

問題11 投資人

一名投資人面對三個不同的投資機會，第一個投資機會有 $\frac{1}{6}$ 的可能性獲得90,000美金報酬，$\frac{1}{2}$ 的可能性獲得50,000美金報酬，$\frac{1}{3}$ 的可能性虧損60,000美金。第二個投資機會有 $\frac{1}{2}$ 的可能性獲得100,000美金報酬，$\frac{1}{2}$ 的可能性虧損50,000美金。第三個投資機會有 $\frac{1}{4}$ 的可能性獲得100,000美金報酬，$\frac{1}{4}$ 的可能性獲得60,000美金報酬，$\frac{1}{4}$ 的可能性虧損40,000美金，$\frac{1}{4}$ 的可能性虧損80,000美金。設若這投資人選擇投資於所有這三個投資，請問他的期望報酬為多少？

（解答請見211頁）

效用分析

效用分析為考量我們對各種結果的需求度，這可能不同於金錢上的報酬。

　　效用是「需求度」，效用分析這項工具通常運用於那些我們尋求把效用和機率相匹配的情況。換言之，必須從一開始就區分這兩個名詞，效用是「我們想要的」，機率是「我們獲得的」。

　　舉例而言，一名大四學生試圖決定她未來要做什麼，她知道她想做以下三件事之一：當個旅行作家，或從事外交服務工作，或進入企業界當個銷售員。從這些工作體驗帶來的滿足感來看，她認為當個旅行作家排名第一，從事外交服務排名第二，當個銷售員排名第三。但是，我們如何衡量這三個選項的「需求度／效用」值呢？金錢將不是一個適當的效用指標，因為此人可能不會從這些工作的收入來考慮，而會考慮她有多想從事這三種工作的程度。世界是我們可以盡情揮灑的舞台，但我們該如何評估選擇呢？期望值（expected value，EV）的定義是效用乘以其相應的機率。

	效用		機率		期望值
當個旅行作家	100	×	0.10	=	10
從事外交工作	70	×	0.40	=	28
進入企業界當個銷售員	40	×	0.50	=	20

機率包含了訴諸每個選項涉及的風險及（或）需要的技能水準。根據上述分析，「從事外交工作」提供最大的期望值，客觀上來說，應該選擇這個選項。

　　下述法則可用於選擇「效用值」：對最嚮往／最需求的結果（不是以金錢報酬來衡量）給予100的效用值，這將提供一個分析上的界限，使其他項目的效用值選擇更為容易。在現實中，「當個旅行作家」的效用值可能低於100，「100」可能代表一個夢幻情境——例如：中了樂透，到一個熱帶島嶼享受退休生活，畫下日落美景。但這夢幻情境發生的機率太低了，因此不被列入選項。另一個法則是，把每一個效用值設定為10的倍數（例如：10、20、70、100），使得一看就知道它們只是概略值，不可能有精確的數值。

　　當然啦，我們仍然能用金錢來衡量效用，下面的例子就是用金錢來衡量效用。美國職籃NBA聯賽有四隊進入準決賽，該是下注的時候了。

　　若下注機會伴隨了成本，我們就必須把期望值減去成本，以得出價格。不過，這種固定成本不會影響效用分析的結果，期望值最高的那支球隊仍是最佳下注對象。

　　從下文的分析中可以看出，第一個選擇有最高的機率，第四個選擇有最高的報酬（效用），但兩者都未得出最高的期望值，下注於第2或第3隊的期望值最高。這是因為，必須用結果的發生機率來調整預期的報酬。86頁的分析幫助我們快速看出最適合的結果。

下注選擇	結果	效用		機率		期望值	
	第1隊	$200	×	0.50	=	$100	
第一個選擇	第2隊	$0	×	0.20	=	$0	
	第3隊	$0	×	0.20	=	$0	$100
	第4隊	$0	×	0.10	=	$0	
	第1隊	$0	×	0.50	=	$0	
第二個選擇	第2隊	$600	×	0.20	=	$120	
	第3隊	$0	×	0.20	=	$0	$120
	第4隊	$0	×	0.10	=	$0	
	第1隊	$0	×	0.50	=	$0	
第三個選擇	第2隊	$0	×	0.20	=	$0	
	第3隊	$600	×	0.20	=	$120	$120
	第4隊	$0	×	0.10	=	$0	
	第1隊	$0	×	0.50	=	$0	
第四個選擇	第2隊	$0	×	0.20	=	$0	
	第3隊	$0	×	0.20	=	$0	$90
	第4隊	$900	×	0.10	=	$90	

沉沒成本

技巧 17 沉沒成本對未來決策無關緊要。

你用500美元買了一張打折、不能退票的機票，打算去度假時使用。但買了機票不久後，你獲邀出席一場重要會議，你已經等待這場會議多月，它對你的職業前途絕對有幫助。這下，你面臨兩難，你該如何作出合理決策？使用這張非常實惠的機票，或是損失它，出席那場重要會議？

根據經濟學理論，任何過去的成本——又稱為「沉沒成本」（sunk costs），對未來決策並無影響，只有評估度假及出席會議這兩種（或更多種）行動方案的成本與效益，才會影響未來決策。這張機票的成本被視為沉沒成本，對於去度假或是出席會議的決策並無影響。

這意味的是，若認為這場會議的淨效益大於去度假的淨效益，就應該放棄度假，出席會議。當然，我們必須考量成本與效益，出席會議的效益可能涉及爭取到一位大客戶，獲得晉升，或是獲得一個新的工作機會，而其成本可能包括前往出席該會議的旅行，以及（或）準備此會議所需投入的時間與心力。去度假的效益很可能是獲得放鬆、恢復活力的體驗，成本將包括度假時的膳宿及其他個人消費支出。

理性來看，忽略沉沒成本是完全有道理的，但情感上可能很難這麼做，我們可能把沉沒成本視為「浪費」成本，本能地想要藉由對計畫或事業投資更多時間和金錢來「挽救」它。我們全都聽過「花錢填無底洞」這句話，也常聽到：「想想我們已經投入了多少的時間和金錢」，這句話道出了沉沒成本帶來的兩難。因為已經對一項特定計畫或事業投入時間與成本，這計畫可能接近完成了，這事實可能使得我們傾向繼續執行此計畫，但是，無論作出繼續執行此計畫或放棄它而

改採取其他行動的決策，那些截至目前已發生的成本其實是無關緊要的。

　　特別是那些已經變成「出自喜愛而做」的個人計畫，我們尤其在感情上難以割捨。但是，我們起碼必須理性地認知到，以往投入的時間、心力與金錢，全都是沉沒成本。為了擺脫對沉沒成本的情感依附，作出客觀的決策，並且可能因此改變航道，必須考慮以下三點：

1）認知到止損未必意味著你犯了錯，因為你早前決定採取的行動方案可能在當時是最明智的抉擇。

2）找一些你信賴的人，諮詢他們的意見。局外人可能會更客觀地檢視我們所處的境況。

3）認知到放棄有可能換得更大的收益，更何況，從以往經驗獲得的知識、技能及洞察，可應用於往後的新情況。

假設檢定

技巧 18 為了進行假設檢定，至少要用雙向表來進行因果推論。

我們常常需要評估尚未證實的說法。基本上，這就是假設檢定。雖然，假設檢定通常運用於學術研究，但它也被廣泛應用，像是用於解答諸如以下的日常疑問：素食者較長壽嗎？看電視會導致暴力嗎？一種新的頭痛藥的效果比阿斯匹靈好嗎？股票經紀人的股市投資決策優於一般商界人士嗎？我罹患癌症嗎？

我們總是會疑問，事件A是否導致事件B，兩者之間是否存在因果關係？因果推論的最低要求是使用雙向表（two-way table）來進行評估，這雙向表其實就是一個矩陣，用以比對有關於兩個變數的資訊，這些資訊可以區分為四個子類別。

舉例而言，高於平均的工作技能水準是否帶來高於平均的年收入水準？

工作技能水準

		較高	較低	
年薪資	較高	30	20	50
	較低	20	30	50
		50	50	100

在這個表中，我們假設有100人接受調查，這交叉表中的資訊是虛構的，但合情合理。這些資訊顯示，一個人的工作技能水準與其年收入水準之間存在關連性，畢竟，在那些工作技能水準較低的人當中，有過半數的人的年收入水準也較低：在較低工作技能水準的50人當

中，較低年收入水準的人有30人。同樣地，在那些工作技能水準較高的人當中，有過半數的人的年收入水準也較高：在較高工作技能水準的50人當中，較高年收入水準的人有30人。

再來看看，若工作技能水準和年收入水準之間不存在明顯關連性的話，我們會預期看到怎樣的資訊呢？我們將會看到每一個子類別的人數相當。若隨機選人的話，我們預期將會看到每一個子類別都是25人。

工作技能水準

		較高	較低	
年薪資	較高	25	25	50
	較低	25	25	50
		50	50	100

▋股票經紀人的背書

「我的經紀人幫我的股票投資組合獲得高於平均的報酬率。不論是判斷大盤指數或個股的表現，他的預測都正確。我有個朋友是經驗豐富的商界人士，他自己預測股市，總是獲得負報酬。由此可見，別自己預測股市了，交給股票經紀人吧，他們能幫你獲得你該得的報酬率。」

你如何評估「股票經紀人的股市投資決策優於一般商界人士」這個說法？在檢定這假設時，我們也使用一種根據實驗設計的方法，用兩列兩欄的矩陣，有九個數值資料方塊（參見右頁圖表）。

	預測正確次數	預測不正確次數	總預測次數
股票經紀人	50	150	200
一般商界人士	100	700	800
	150	850	1,000

25.0%

12.5%

　　在此例子中，由於股票經紀人和一般商界人士作出的預測總次數不同（股票經紀人總計作出200次預測，一般商界人士總計作出800次預測），因此必須計算百分比。股票經紀人預測正確的百分比為 $\frac{50}{200}$ ＝ 25%；一般商界人士預測正確的百分比為 $\frac{100}{800}$ ＝ 12.5%。

　　這表中的數據是假設性數據，但根據這些數據（以及簡化起見的統計分析），我們發現，股票經紀人作出正確預測的可能性是一般商界人士的兩倍（25% vs. 12.5%），便可以得出結論：股票經紀人在正確預測股市方面的能力，確實優於一般商界人士。切記，不能只看正確預測的次數，必須看正確預測的百分比，亦即比較股票經紀人正確預測的百分比及一般商界人士正確預測的百分比。關於比較的問題，參見第4章的【問題24：鯊魚】（128頁）。

　　假設檢定是為了作出預測。所謂「假設」，意指：「有待證明的一個陳述」，例如：我們正前往診所進行身體檢查，擔心自己罹患癌症，但我們知道很難窮盡所有肯定的假設，因此，需要檢查一個否定的假設：「我未罹患癌症」。

　　完成體檢後，我們將被診斷是否罹患癌症。實際上，我們可能罹癌或未罹癌，體檢結果可能、也可能不會確定這點，這形成了四種可能性：被檢定的假設可能為真或偽，我們可能接受或拒絕它。換言之，我們可能接受一個真或偽的假設，或是拒絕一個真或偽的假設。這四種可能性如92頁圖表所示：

▣ 假設檢定的矩陣

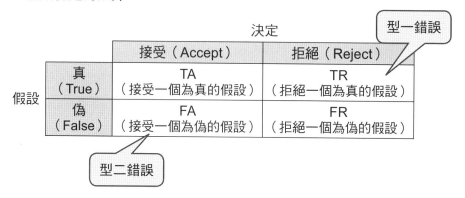

		決定	
		接受（Accept）	拒絕（Reject）
假設	真 （True）	TA （接受一個為真的假設）	TR （拒絕一個為真的假設）
	偽 （False）	FA （接受一個為偽的假設）	FR （拒絕一個為偽的假設）

在上表中，TA代表「接受一個為真的假設」、TR代表「拒絕一個為真的假設」、FA代表「接受一個為偽的假設」、FR代表「拒絕一個為偽的假設」。我們當然希望避免拒絕一個為真的假設，此稱為「型一錯誤」；我們也希望避免接受一個為偽的假設，此稱為「型二錯誤」。

假設檢定可能會犯型一錯誤或型二錯誤，這兩類型錯誤當中，犯其中型一錯誤的風險總是高於型二錯誤。以「我未罹患癌症」這個假設為例，若此假設為真，而我們拒絕它，那就是型一錯誤；若此假設為偽，但我們接受它，那就是型二錯誤。在這個例子中，型二錯誤比型一錯誤嚴重得多了，型二錯誤會導致實際上罹癌者未被檢查出來，癌症可能惡化。型一錯誤沒那麼嚴重，但仍然會造成傷害，想到你罹患癌症，心理上將承受很大的打擊，而且，你可能需要做進一步檢查與治療，這也造成身體上的傷害。

		決定	
假設：「我未罹患癌症」		接受	拒絕
	真	我真的未罹癌，且相信我未罹癌。	我真的未罹癌，但相信我罹癌了。 型一錯誤
	偽	我真的罹癌了，但相信我未罹癌。 型二錯誤	我真的罹癌了，且相信我罹癌了。

我們再來看另一個法律例子，假設是：「被告無罪」。在此例中（參見下方的矩陣），設若這假設為真，但我們拒絕它，那就是犯了型一錯誤，這意味的是，一名無辜者被認為有罪。若此假設實際上不正確，但我們接受它，那就是犯了型二錯誤，這意味的是，一名有罪的人被釋放。在此情況下，型一錯誤可說比型二錯誤更嚴重，畢竟，我們只需記得一個法律格言：「寧可錯放十個有罪者，勝過誤判一個無辜者。」

		決定	
假設：「被告無罪」		接受	拒絕
	真	被告無罪，且陪審團裁定無罪。	被告無罪，但陪審團裁定有罪。 型一錯誤
	偽	被告有罪，但陪審團裁定無罪。 型二錯誤	被告有罪，且陪審團裁定有罪。

所有的研究論點都應該經過這樣的分析，我們應該問：「若這假設為真，但被拒絕的話，會有什麼後果？……若這假設為偽，但被接受的話，會有什麼後果？」依據答案，我們犯其中一類型錯誤的風險將高於犯另一種類型錯誤的風險。

總結而言，在各種領域中，型一錯誤和型二錯誤，何者更嚴重並不一定。例如：在醫療領域，當涉及疾病及（或）生死的情況，型二錯誤較嚴重。在法律領域，尤其是個人受審的情況，型一錯誤可說是比較嚴重。在商業領域，哪種類型的錯誤造成的傷害更大，並不明確，型一錯誤可能導致金錢損失及丟臉，型二錯誤代表損失機會。關於這兩類型錯誤在商業領域中造成的影響，參見第2章的「點子殺手與點子產生器」（47頁）。

附註 在此值得說明一下，為何我們在陳述假設時，使用否定句。在前述兩個例子中，我們的假設陳述是：「我未罹患癌症」及「被告無罪」，而非：「我罹患癌症」及「被告有罪」。在科學及統計領域，假設總是以否定句來陳述，亦即我們試圖否決一個否定句假設，而非試圖證明一個肯定句假設。這背後理由從科學上來說，是我們永遠無法窮盡所有情況，所以不能證明一個肯定句假設在任何情況皆正確，但可以確鑿地否決一個否定句假設。身為門外漢，若我們覺得使用一個肯定句假設會更自然些，那樣，型一錯誤和型二錯誤就會倒反過來，我們稱為的型一錯誤將變成型二錯誤，型二錯誤將變成型一錯誤。

在第2章「點子殺手與點子產生器」的例子中（參見48頁），我們陳述的假設是一個否定句：「我們考慮的這筆生意（或這部電影）不是個好生意」。若我們偏好一個肯定句假設：「我們考慮的這筆生意（或這部電影）是個好生意」，那麼，型一錯誤和型二錯誤就會倒反過來。儘管如此，這兩類型錯誤的概念性質並無改變。

囚徒困境

技巧 19 囚徒困境提供一個合作優於競爭的例子。

　　警方逮捕兩名持有大量假鈔的嫌犯，並知道這兩人是同夥，便把他們送進不同的牢房，以免他們串供。警方知道這兩人狼狽為奸，但在徹底搜查他們的處所後，未能發現印鈔機。在缺乏確鑿證據下，警方知道他們會被輕判，因為他們有半真半假的辯詞。

　　警方需要嫌犯的認罪，於是豁免率先認罪並且說出印鈔機放置地的嫌犯，另一名嫌犯則必須吃十年牢飯。若兩名嫌犯都保持緘默，他們將因持有假鈔而分別被判刑坐牢三年。基於司法公正性，這兩名嫌犯也被告知，若雙方認罪，將分別被判刑七年。

　　每一名嫌犯面臨四種可能結果：

	我的同夥保持沉默	我的同夥認罪
我保持沉默	我們分別服刑三年。	我的夥伴獲釋，我服刑十年。
我認罪	我獲釋，我的同夥服刑十年。	我們分別服刑七年。

　　若你是這兩名嫌犯之一，你會怎麼做？

　　首先，你可能會考慮你的同夥將如何做。設若你們兩人都決定保持沉默，若你也保持沉默，你將服刑三年；若你認罪，你將獲釋。因此，當你的同夥保持沉默時，你最好是認罪，這樣，你將獲釋。

　　但是，若他認罪呢？若他認罪，而你保持沉默，你將服刑十年；若你也認罪，你將服刑七年。因此，若他認罪，你最好也認罪，這樣

只需服刑七年，少吃三年牢飯。不論他如何做，你認罪的話，都可以免去三年牢飯。

聽起來，似乎你應該認罪。但這其中的一個大圈套是，若他的思考也和你一樣的話，他也會認罪，你們兩人都會服刑七年，但若你們兩人都保持沉默的話，兩人都只會服刑三年。

數學家艾伯特·塔克（Albert W. Tucker）在1950年時用這故事來闡釋這種情況，並把它取名為「囚徒困境」。警方或許早就知道這種賽局，罪犯也是。這種賽局只是一種簡單、但有影響力的談判賽局。

囚徒困境是混合動機賽局的一個例子：兩方若合作，可以蒙益；或者，他們可以藉由競爭，嘗試獲得較有利的結果。合作與競爭這兩種元素的同時出現，形成了混合動機，也造成了這類情況在本質上的複雜性：一方的「福祉」不僅取決於他本身的抉擇，也受到另一方的抉擇所影響。

囚徒困境賽局也是「個人vs.群體」賽局的一個例子：我們可以選擇為群體著想，或為個人自身著想。當群體中的每一個人作出貢獻（亦即選擇合作），人人都能蒙益；但若群體中有人謀求個人利益，他們保留原本可以對群體作出的貢獻給自己，也分享了別人作出的貢獻。這是施者（givers）與取者（takers）的典型區別，所謂「好人總是吃虧」，道理在此。

符合囚徒困境的「困境」通常可以摘要如右頁圖表，四種結果（四個方塊）中的第一個字代表第一個囚犯的結果，第二個字代表第二個囚犯的結果：

	我的同夥選擇合作 （他或她保持沉默）	我的同夥選擇不合作 （他或她認罪）
我選擇合作 （我保持沉默）	贏，贏 （我服刑三年， 我的同夥服刑三年）	輸，贏 （我服刑十年， 我的同夥獲釋）
我選擇不合作 （我認罪）	贏，輸 （我獲釋， 我的同夥服刑十年）	輸，輸 （我服刑七年， 我的同夥服刑七年）

　　若雙方合作，他們都有好處；若兩方都選擇背叛，他們將雙輸；若一方選擇合作，另一方選擇背叛，選擇合作者將是輸家（或可稱之為受騙者或聖徒，取決於你的觀點），背叛者是贏家（但是個叛徒）。在真實的囚徒困境賽局中，贏家的回報總是大於輸家的回報（在此例中，所謂的回報，指的是減少的刑期）。

　　如表所示，合作的總收益大於不合作的總收益。例如：若兩個製造假鈔的嫌犯選擇合作，都保持沉默，他們合計服刑六年（每人服刑三年）；若兩人都選擇不合作，他們合計服刑14年（每人服刑七年）。若其中一人選擇合作，另一人選擇不合作，他們合計服刑十年，這是中間地帶。

　　不意外地，在這類困境中，預判將大大影響人們的反應。在其他領域，若一方背叛，另一方合作，這兩方將面臨一個重大的轉折點，例如：若兩人合夥做生意，其中一方作出的貢獻不如另一方預想的多，他們可能必須重新商議合作條件。在合夥關係中，若兩方都追求個人的、相互對立的目標，雙方可能很快就會「分道揚鑣」；當兩人都對關係的成長作出具體貢獻時，「合作關係」就能愈來愈密切。

第 4 章

分析論證

「我能忍受蠻力，但蠻橫的推理就十分令人難以忍受了。它含有不公正的成分，簡直是瞧不起人的智力。」

——19 世紀愛爾蘭作家王爾德
（Oscar Wilde）

概述

什麼是論證（argument）？

這裡所謂的論證，不是你和好友、家人或其他人的熱烈爭辯。在邏輯學中，一個論證指的是：「有證據支持的一個觀點或陳述」，一個觀點是「論證」這個更大的概念中的一部分。

「噢，今天的確是不錯的一天」，這句話是一個觀點，但不是一個論證，因為這個觀點沒有提供支持的證據。若要把它變成一句論證，可以這麼說：「噢，今天的確是不錯的一天，我們有近五小時的陽光。」在這句話中，觀點（「今天的確是不錯的一天」）有了一個支持的證據（「近五小時的陽光」）。

以下提供一些定義：

結論　結論是作者或發言者提出的說法或重點。

證據　證據包含事實、例子、統計數字、調查及其他資訊或資料，作者或發言者用它們來支持他的結論。

假設　假設是作者或發言者相信，但未言明的看法（亦即「未言明的證據」），用以支持他的觀點。一個假設是作者或發言者認為正確，但沒有說出來的論證部分；它是：「作者或發言者認為理所當然的東西」。舉例而言，一個假設是：「證據與結論之間的黏膠」。

論證的ABC結構

技巧 20 ｜ 證據 ＋ 假設 ＝ 結論。假設是證據與結論之間的黏膠。

典型的論證結構三元素之間的關係可以表述如下：

結論 ＝ 證據 ＋ 假設
或者
結論 － 證據 ＝ 假設

了解簡單正規的論證結構，有助於提升思辨能力，甚至可說是這種能力的要素。在辨識出結論與證據後，我們就能檢視「假設」這第三個元素。那麼，我們如何辨識結論與證據這兩個元素呢？

辨識結論與證據

一個論證中，哪個部分是證據、哪個部分是結論呢？這有時蠻令人困惑的。從一些「指示詞」（guide word）可以看出這是在使用證據，或是在開始陳述結論，102頁表格列出最常見的這類指示詞。舉例而言，你聽到某人說：「因為經濟情況變好，我打算買輛車」，你可以推測「因為經濟情況變好」這句話是證據，理由是「因為」這字眼總是示意使用證據，「我打算買輛車」則是結論。句子也可以倒反過來，不影響何者是證據，何者是結論，例如：「我打算買輛車，因為經濟情況變好。」

可能的話，在一個論證中使用指示詞來辨識結論與證據。但是，論證中未必有指示詞指引你，所以，你無法總是仰賴它們來辨識一個論證中的結論與證據。

示意「證據」的指示詞	示意「結論」的指示詞
• 因為……（As）	• 所以，……（As a result）
• 如……所示（As indicated by）	• 顯然，……（Clearly）
• 如……所示（As shown by）	• 因此，……（Consequently）
• 因為……（Because）	• 於是，……（Hence）
• 因為……（For）	• 結論是，……（In conclusion）
• 由於……（Given that）	• 所以，……（So）
• 既然……（Since）	• 因而，……（Therefore）
• 理由是……（The reason is that）	• 是以，……（Thus）

找出假設

　　一個論證中的結論與證據總是很顯然，但其假設總是隱而未顯的。根據定義，假設是隱含的，意指它們未被言明，亦即作者不會形諸文字，或是發言者沒有明說。反觀結論與證據是明顯的，意指它們被陳述出來——被寫下來或說出來。

分析論證

技巧 21　攻擊一個論證的方法有兩種：質疑其證據，或質疑其假設。

　　想要反駁一個論證，我們必須積極地分析這個論證的每一個元素，它的證據有多堅實？它的主要假設有多站得住腳？當然，為了攻擊證據與假設，我們必須能夠把他們辨識出來。

論證的成分	明顯或是隱含	意味的是
結論	明顯	它是言明的，亦即被寫下來或說出來。
證據	明顯	它是言明的，亦即被寫下來或說出來。
假設	不明顯	未言明（亦即未被寫下來或說出來），但存在於提出這論證者的腦中。

■ 簡短練習

　　這是練習使用典型的論證結構來分析論證。下面有四個論證，分別在空白處填入結論、證據與假設。解答與可能的分析在105頁。

1. 桃樂蒂與她的大學入學考試

論證：由於桃樂蒂在她的大學入學考試中獲得高分，她一定能在大學中有好表現。

結論：

證據：

假設：

2. 芬蘭

論證：芬蘭是世上技術最先進的國家，芬蘭人均擁有的手機數量高
　　　於其他國家。

結論：

證據：

假設：

3. 以微笑面對世界

論證：親愛的阿妮塔：妳知道嗎，當我和我的高中老友聊天，得知
　　　他們過得不錯時，我的心情好極了。昨天，我和保羅及麥辛
　　　這兩位高中老友聊天後，心情一直很好。我聽說妳最近情緒
　　　低落，若妳回家後打電話給高中老友，將使妳的心情好轉，
　　　變得能以微笑面對世界。再見，比爾。

結論：

證據：

假設：

4. 超市 vs. 量販店

論證：我在量販店購物，因為它的價格比超市便宜10%。

結論：

證據：

假設：

1. 桃樂蒂與她的大學入學考試（解答與分析）

論證：由於桃樂蒂在她的大學入學考試中獲得高分，她一定能在大學中有好表現。

結論：桃樂蒂一定能在大學中有好表現。

證據：她在她的大學入學考試中獲得高分。

假設：在大學入學考試中的好表現，將使得在大學中也表現好；或者，換個方式來說，在大學中表現好所需要的技能，相同於在大學入學考試中有好表現所需要的技能。

我們來分析這論證。

> 質疑證據

桃樂蒂真的在大學入學考試中獲得高分嗎？多少分算是高分呢？換言之，我們必須知道她的實際得分，再查證這是否真的是「高」分。

> 質疑假設

這個論證假設大學入學考試得高分不僅足以被大學錄取，而且也是在大學中將有好表現的一個優良預測指標。首先，大學入學審核流程也考量其他因素，包括申請人的書面申請文、課外活動、個人／學術推薦人，甚至還有面試。其次，在大學中有好表現，可能還需要其他與考試技巧無關的要素。在考試中有好表現，只靠自己，不需要和任何其他人互動。其他要素如個人動機、獨立性，或情緒穩定呢？大學的一些課程可能需要做團隊報告。簡言之，儘管桃樂蒂在大學入學考試中表現優異，她也許不具備在大學中有好表現所需要的個人特質。

2. 芬蘭（解答與分析）

論證：芬蘭是世上技術最先進的國家，芬蘭人均擁有的手機數量高於其他國家。

結論：芬蘭是世上技術最先進的國家。

證據：芬蘭人均擁有的手機數量高於其他國家。

假設：人均擁有的手機是衡量一個國家或其人民是否為技術先進的最佳指標。

我們來分析這論證。

質疑證據

擁有手機，就一定會使用它們嗎？他們知道如何使用手機的所有功能嗎？還有，芬蘭的手機技術先進程度跟其他國家的手機一樣嗎？

質疑假設

人均擁有手機的數量可能不是衡量技術先進程度的最佳指標。也許，電腦的普及程度或使用電腦軟體的能力，是更好、更正確的指標。或者，衡量技術先進程度的最佳指標，是製造技術先進設備的能力。

3. 以微笑面對世界（解答與分析）

論證：親愛的阿妮塔：妳知道嗎，當我和我的高中老友聊天，得知他們過得不錯時，我的心情好極了。昨天，我和保羅及麥辛這兩位高中老友聊天後，心情一直很好。我聽說妳最近情緒低落，若妳回家後打電話給高中老友，將使妳的心情好轉，變得能以微笑面對世界。再見，比爾。

結論：若妳回家後打電話給高中老友，將使妳的心情好轉，變得能以微笑面對世界。

證據：妳知道嗎，當我和我的高中老友聊天，得知他們過得不錯時，我的心情好極了。昨天，我和保羅及麥辛這兩位高中老友聊天後，心情一直很好。我聽說妳最近情緒低落。

假設：打電話給高中老友，對比爾的心情有幫助，同理，也應該對阿妮塔有幫助。

同樣可以從兩個面向來反駁這論證。

質疑證據

阿妮塔最近真的情緒低落嗎？比爾的那些老友真的過得不錯嗎？保羅和麥辛真是比爾的高中同學嗎？

質疑假設

阿妮塔有高中朋友嗎？他們也過得不錯嗎？阿妮塔聽到她的高中朋友過得不錯，她的反應也會像比爾一樣良善嗎（亦即阿妮塔不會嫉妒別人）？

4.超市 vs. 量販店（解答與分析）

論證：我在量販店購物，因為它的價格比超市便宜10%。

結論：我在量販店購物。

證據：價格比超市便宜10%。

假設：價格是左右我在哪家店購物的決定性因素。或者，更簡單地說，在量販店和超市之間作出選擇時，我選便宜的。

我們來分析這論證。

質疑證據

量販店的價格真的便宜10%嗎？甚至，量販店的價格真的比超市便宜嗎？我們需要證明，也許，應該查看收據，驗證「量販店的價格較便宜」的說法，不能理所當然地認為所有證據都確實是「好」證據。此外，品質呢？若兩個品項的品質不同，品質較佳者或許值得付比較多錢。

質疑假設

例如，我們或許可以說，不應該只根據價格來選擇在哪家店購買，地點或鄰近性也許是更好的選擇標準；或者，客服水準也應該很重要；商店外觀與整潔度也應該有影響；又或者，商店的聲譽是決定因素。

五種常見的推理缺陷

技巧 22	批判性思考最常犯的五種錯誤包括：拿蘋果和橘子相較、根據小樣本而過度概括化（以偏概全）、忽視相關的證據、因果混淆，以及未能預期到把計畫付諸行動時的瓶頸。

　　說到批判性思考的錯誤，主要與我們所作的假設有關。在五種常見的假設類型當中，第一類是**比較與類比型假設**，我們拿兩個雖然不同，但邏輯上相同的東西相較。一般來說，應該拿蘋果和蘋果相較、拿橘子和橘子相較，別把兩者混為一談。第二類是**代表性假設**，這類推理錯誤涉及根據小樣本或有限的經驗，作出過度概括化。以小樣本代表更大的群體，整個論證就變得薄弱了。第三類是所謂的**「好證據」假設**，這種推理錯誤是指我們理所當然地認為自己選擇的證據是充分的證據。若假設選用的證據客觀、相關性高、正確或真實，將有助於強化論證；若假設選用的證據主觀、不具代表性或偽造，那就會弱化論證。第四類是**因果型假設**，這種推理錯誤發生於當我們錯誤地匹配因與果時，或是在沒有充分證據下，假設一事件導致另一事件。第五類是**實行面的假設**，這類推理錯誤源於未預期到把計畫付諸行動時的瓶頸，我們假設可以把計畫轉化為行動而不會遭遇重大阻礙。

比較與類比型假設

　　我們常作出人、地、事或情況的比較，通常是使用類比的方式。什麼是類比呢？類比指因為兩個（或更多個）東西彼此有一或多個相似點，於是，我們假設它們在一或更多的其他層面相似，就會拿來相較。研究人員每次做生物實驗時，把在動物（通常是老鼠）身上做的實驗結果拿來相比於人類時，就是創造了一個類比。有時候，我們對

個性進行比較，可能在父子或母女身上看到一些特質或個性，便據此相信他們也有相似的其他個性。有時候，我們拿不同時期的兩種情況或事件相較，例如：許多公司決策仍然基於一個觀念，認為以往奏效的做法，未來也會奏效。國際法大部分也是以先例為依據。

針對比較或類比，一般攻擊策略如下：

情況	公式	如何攻擊比較或類比
這兩個事物相同或近乎相同嗎？	A＝B？	說明A不同於B，這比較或類比不攻自破。
這兩個事物不同嗎？	A≠B？	說明A相似於B，這比較或類比不攻自破。

在評估或攻擊比較時，若兩個事物被視為相似，我們的攻擊目標是找出不同點，以說明這兩個事物不同。看看這個例子：「瑪莎在銷售刀叉餐具的工作上表現優異，我們打算晉升她，讓她負責銷售獨立產權公寓。」這論證的背後假設為銷售能力是賣出東西的關鍵要素，至於賣什麼產品則無關緊要。要如何攻擊這論證呢？方法之一是指出，銷售刀叉餐具（商品型產品）與銷售獨立產權公寓（奢侈品）大不相同，擅長銷售一種產品的人，未必擅長銷售另一種產品。同理，在一個產業中成功的人，轉換至另一個產業後，未必可以成功。

若兩個事物被視為不同，我們的攻擊目標是找出相同點，以說明這兩個事物可以比較。例如：兩個熱愛運動的男人在一起喝啤酒閒聊，一人對另一人說：「不能拿現在的運動員和以往的運動員相較，馬克・史皮茨（Mark Spitz）在1967年墨西哥奧運游泳項目中贏得七面金牌，但他當年游出的成績在今日還進不了奧運泳賽殿堂呢。」為了駁斥這論證，另一人可以找個例子說明，在一些層面上是可以拿現今的運動員和以往的運動員相較的。例如：在1965年於喬治亞州奧古斯塔市（Augusta）舉行的美國名人賽中，傑克・尼克勞斯（Jack

Nicklaus）以總成績271桿奪冠，這可以相比於亞當‧斯科特（Adam Scott）在2013年於同一個球場上以總成績279桿奪冠。以這種方式比較兩名不同年代的運動員，看起來就相似多了。

在比較兩件事時，尤其是橫跨不同時間範圍的兩件事，我們必須小心，別假設資訊收集方法以及取得的資料品質是相似的。舉例而言，若有研究報告把1940年代的工作者滿意度水準調查結果，拿來和現今的工作者滿意度水準調查結果相較，將會受到質疑，理由很簡單：在不同環境下取得的資訊結果難以比較。

在最根本的層次，我們必須確保一個論證中使用的字詞含義與範疇是一致的。舉例而言，我們看到報導說，市郊現今的污染程度是20年前的10倍。現今市郊的污染程度可能確實變差，但這「10倍」之說有問題，若污染的定義變成包含空氣、水、噪音和垃圾呢？這就難以進行有效比較。

（問題練習參見120～121頁的【問題12：犯罪】、【問題13：過動】）

代表性假設

一個樣本是從一個更大數量的人或事物中，選出一群人或事物用以代表其所屬的更大群體，或是所謂的「整個群體」。我們都聽過類似這樣的陳述：「我從未遇到過令我喜歡的Z國人」，或：「我高度推薦ABC餐廳，因為我去那裡用餐過三次，它的食物很美味。」

這兩個例子都是樣本代表性假設，第一個人顯然沒有遇過所有的Z國人，第二個人顯然沒品嘗過ABC餐廳的所有菜色。一個樣本想具有代表性，必須在量與質的層面都具有代表性。在量的方面，必須選取夠大的樣本，只選取一、兩個，顯然是不夠大；在質的方面，選取樣本時必須夠隨機或多樣化。

一個旅行社說：「平均每四名觀光客中有三人推薦去摩洛哥」，

但就我們所知，只有八名觀光客接受調查，其中六人推薦去摩洛哥。在這假設的例子中，選取的觀光客樣本太小。若統計結果說：「平均每四名觀光客中有三人推薦去摩洛哥」，這是調查了數百名觀光客後得出的結果，這樣本夠大，但若這些接受調查的觀光客全都來自非洲呢？或者，這些觀光客全都是專門安排非洲之旅的旅行業從業人員呢？這麼一來，我們就會懷疑接受調查的幾百名觀光客是否能代表一般觀光客，「平均每四名觀光客中有三人推薦去摩洛哥」的陳述就會受到質疑。

在評估或攻擊涉及代表性的情況時，我們的目標是說明一特定的人、地或事物不能代表更大的「全體」，使論證弱化或站不住腳。另一方面，說明一特定的人、地或事物可以代表更大的「全體」，能夠強化論證。

通常，問題不在於樣本是否夠大，而是樣本是否夠多樣化。若樣本不是來自具相關性的、具有代表性的子群，樣本的大小就無足輕重了。一個值得注意的真實例子是喬治・蓋洛普（George Gallup）設計的「蓋洛普民意調查」，它是用以預測全國性政治競選的勝出候選人。為使調查結果能足夠概括化地推斷全國人對一特定候選人或政治議題的意向，必須收集來自各年齡層、教育水準、性別、地區、職業、種族，甚至信仰的子群資料，其他子群——例如：以體重及髮色區分的子群——就不具相關性了。雖然，一個國家可能有數千萬人，蓋洛普民意調查只需要約1,800人的樣本，就能做到統計上的正確性。

請注意，代表性假設不同於類比型假設。我們可以把類比型假設想成並列比較兩個事物，把代表性假設想成一種垂直比較，陳述「少數」就像更大的全體。一個類比型假設認為大寫的「A」等於大寫的「B」；一個代表性假設認為小寫的「a」等於大寫的「A」。

（問題練習參見121～123頁的【問題14：電影迷】～【問題16：推桿進洞】）

「好證據」假設

論證應該有證據作為根據，證據本身應該要令人信服。但是，出於人性，我們想選擇支持自身立場的相關證據，忽視反駁我們立場的相關證據。舉例而言，若我們想繼續吸菸，可能只會看那些迎合自己的證據，例如：「吸菸幫助我放鬆、看起來很酷、保持較輕的體重」，忽視與這觀點相反的證據，例如：「吸菸有害我的健康」或「吸菸太昂貴」。不喜歡騎摩托車的人選擇的證據可能包括：「摩托車危險且製造噪音、油污及塵土可能弄髒衣服、戴安全帽很不舒服、一次最多只能載乘兩人，以及雨天或下雪時騎摩托車相當困難」等等。他們可能忽視騎摩托車的好處，例如：「騎摩托車有趣且暢快、更有操縱感、容易找停車地、購買及維修成本較低」。

想客觀思考，我們應該收集與考量跟眼前這個議題或決策相關的所有證據。若我們尋求的是「真相」，就不該忽視任何證據，或傾向特定證據。世界多數國家的法律制度採行的是對抗制（adversarial system），這種對抗有助於資訊與證據的傾斜，被告及原告的庭審律師分別提出能夠提高己方勝訴機會的證據。但是，若要做到公正，法官及陪審團必須保持客觀公平。

（問題練習參見123～124頁的【問題17：評論家的選擇】、【問題18：脾氣】）

因果型假設

一件事真的會導致另一件事嗎？因與果考慮的是兩件事之間的關係（或無關係），我們稱第一個事件為因，第二個事件為果，把它寫成公式時，我們用「A」代表因，用「B」代表果：A → B。

如下方＜圖表4-1＞所示，原因與結果之間的關係有六種可能的類別。

▣ 圖表4-1 巧合、關連性及因果關係

無因果關係	有因果關係
1. 純屬巧合	4. 公認的因果關係
2. 低關連性	5. 另類因果解釋
3. 高關連性	6. 因果倒置

看到因果型假設時，我們首先要問的是，這兩件事之間存在任何關係嗎？也許，這兩件事之間並不存在任何看似有理的關係。舉例而言，「就在貓從樹上掉下來之前，街燈轉紅；因此，街燈轉紅導致貓從樹上掉下來」，但這兩件事之間並不存在有理或可信的關係，純屬巧合。若兩件事之間存在關係，我們接下來該問，它們之間是因果相關，或是只是有關連性。若只是有關連性，我們就尋求研判這關連性是低或高。若兩件事存在因果關係，我們就尋求研判是否為公認的因果關係，或是一種因果解釋，或是把因果倒置了。

下文進一步說明＜圖表4-1＞的各種類別。

1. 純屬巧合

「在季後賽，每次我坐在我喜愛的椅子上觀賽，我們的球隊都會獲勝。」你的「幸運椅」導致你的球隊獲勝，這是難以置信的事；一張普通或「不幸」的椅子將導致你的球隊輸，這同樣是難以置信的事。

2. 低關連性

「你居住的城市新開一間健身房」，以及「這城市全體市民的體

適能水準」，這兩者之間可能存在低關連性。固然，新開一家提供舉重班、有氧運動班和運動器材的健身房，對全體市民的體適能水準將有一些影響，但實際上，影響不是很大。一小群健身房會員對一座城市全體市民的直接影響有限。就算這座城市全體市民的體適能水準呈現變佳趨勢，也可能是因為人們更常步行、騎自行車或健行，就算不是健身房會員的人們也能從事這些活動。

3. 高關連性（但無因果關係）

一些因素或特徵具有高關連性，例如：身材高和NBA球員，不是所有NBA球員都是高個子，但絕大多數NBA球員是高個子，所以，我們可以相當牢靠地說，身材高和NBA球員這兩者之間存在高關連性。企業界的一個典型例子是公司的銷售與廣告支出，公司的廣告支出愈多，其銷售愈高（廣告與銷售之間的關連性約為＋0.8）。其他例子可能包括熱天與冰淇淋的銷售量、雨天及傘的銷售量。高度相關的事件可能被說成彷彿它們是因果關係，但高關連性與因果關係不同，兩者必須有所區分。

4. 公認的因果關係

萬有引力就是一種因果關係，我向上拋一顆蘋果，它會掉下來。有些事件的關連性高到使得它們被認為是因果關係，例如：咖啡消費量與咖啡豆用量、嬰兒出生數與嬰兒尿片用量。但是，以下事件不可能是因果關係：咖啡消費量與咖啡豆**種植量**、嬰兒出生數與嬰兒尿片**產量**。

5. 另類解釋（另類因果解釋）

另類解釋又可稱為另類因果解釋，我們贊同一個結論（果），但對於導致此結果的正確原因有不同的看法。當兩件事看起來好像有因

果關係時，我們必須小心可能存在其他原因。例如：公司可能提高了廣告預算，也看到其銷售增加，人們很容易認為這兩件事情有因果關係，但廣告可能對銷售的增加沒有影響或影響甚少，銷售增加的原因是公司的一個大競爭者結束營運，退出市場。

以下是一個更複雜的例子：「我們很痛心地看到，觀看暴力電視節目導致高中槍擊案件在近期激增。」但是，誰知道高中槍擊案件的增加會不會是導因於槍枝法寬鬆、教育標準降低，或信仰宗教者減少呢？（在此例中，不是A導致B，而是C導致B。）或者，有可能是第三種因素導致A及B，例如：也許，高中槍擊案件增加和暴力電視節目增加都是導因於第三種因素，例如：家庭破碎。（在此例中，不是A導致B，而是C導致A和B。）

6. 因果倒置

你喜愛的商業小說作家因為名氣大，故而他的書很暢銷，或是因為他的書很暢銷，因此名氣大？因果倒置有點棘手，你以為X導致Y，但其實是Y導致X。看看下面這個例子。你注意到年輕同事莎莉總是辛勤工作，你心想：「莎莉工作努力，難怪我們的上司把最難的工作交給她」，因此，論證是：「由於莎莉很努力，我們的上司把最難的工作交給她。」但是，事實會不會正好相反呢？也許莎莉懶散，並非天性努力工作，只是碰巧被指派了最難的計畫，她才會那麼賣力呢？這下，論證就變成：「因為莎莉被交付了這麼難的工作計畫，她被迫辛勤工作！」我們可能在小孩那邊看到因果倒置的有趣例子。年幼的孩童可能以為是消防員導致火災，因為他們每次看到火災的照片或影片時，都會看到場景中有消防員。後來才知道事實恰恰相反，是火災引來消防員救災。

這裡舉個以往的例子。研究人員最早開始檢定「吸菸致癌」這個假說時，他們首先的考慮點之一是把這假說倒置——罹癌者可能嘗試吸菸（亦即癌症導致吸菸）。不意外地，這倒置的假說被證明為毫無

根據。但是，在許多其他情況中，難以區別因與果。以「你擅長你喜歡的事」這句陳述為例，因果論證變成：「你喜歡這些事（因），因此，你變成擅長它們（果）。」但是，有沒有可能是你發現自己擅長這些事，因此變得喜歡它們呢？

（問題練習參見125～129頁的【問題19：自行車騎士】～【問題24：鯊魚】）

實行面假設

多年前，一份西方的旅遊雜誌刊登的一篇文章寫道：「由於航空旅行變得如此方便，且人們有更多的可支配所得，過不了多久，人人都將已經去非洲看過獅子了。」

但是，今天，非洲以外地區的人去非洲看過獅子的仍不多。這篇旅遊雜誌文章和實際上去非洲看過獅子的人，這兩者之間有何差別？這篇文章說飛機旅行變得更方便，或人們有更多的可支配所得，這不正確嗎？這些陳述也許沒錯，但它預測「人人」（或者，「許多人」）會去非洲看獅子，則是不正確的。假設條件俱備，必定會達成它意欲的結果，但計畫未必導致實際行動。

為何計畫無法落實？基本上，計畫無法落實的主要理由有四個：

（1）個人或組織缺乏欲望、幹勁或毅力。
（2）個人或組織欠缺實行計畫所需要的技巧或技術能力。
（3）欠缺著手或完成某項工作所需要的機會或財務資源。
（4）計畫實行過程中出現未預料到的瓶頸或後果（實體、財務、技術或後勤方面的瓶頸或後果）。

「實行面假設」是基於認定不會有上述的缺陷，因此，一個計畫將會實行。

首先，**個人或組織可能缺乏執行一計畫的欲望、幹勁或毅力。**有句話說：「有閱讀能力，但不讀書的人，跟沒有閱讀能力沒啥區別」，有能力做某件事，不等同於實際使用這技能。我們全都知道這樣的例子，極具才能的人缺乏專注或毅力，而未能發揮他們的潛力。

　　第二，**個人或組織可能欠缺實行計畫所需要的技巧或技術能力。**一名高中畢業生說：「我要不就是讀醫學院，要不就從軍，成為特種部隊的一員。」這陳述是假設此人有才能及毅力，能進入醫學院，爾後成為一名醫生；也假設此人的體能、技術性技能、心理堅韌性和性格能夠支撐他通過訓練，被選為特種部隊的一員。

　　第三，**我們不能假設某個人或組織，有完成某項工作所需要的機會或財務資源。**以上述例子來說，這名高中畢業生假設選擇去讀醫學院的話，他也有能力取得貸款及其他形式的財務援助，讓他得以完成學業。

　　第四，**在未預料到的瓶頸或後果方面。**想想看，若把提議的計畫付諸實行，將發生什麼。舉例而言，你的辦公室可能正在考慮安裝一套新的電腦軟體系統，許多人相信安裝了這套系統，將會解決你公司的溝通問題。但是，若多數同事覺得這套系統使用起來太複雜及困難，他們可能不會去使用它（這是實體面與技術面的限制）。

　　對於任何一個立法可以解決問題的說法，都應該抱以懷疑。立法確實可被用來消減或限制一些我們不希望看到的行為，但立法本身不會阻止這些行為。舉例而言，若人們本身不願停止歧視，阻止歧視的立法可能沒什麼用。或者，通過一項法律，提高在高級購物區違法停車的罰鍰，未必能遏阻違法停車，尤其是那些有錢消費者，可能不在意較高罰鍰而違停。

　　（問題練習參見129～132頁的【問題25：太陽能】～【問題29：性格】）

下一節提供一些讓你練習使用批判性推理的問題。這些選擇題（皆為單選題）區分成前面提到的五個類別：比較與類比型假設、代表性假設、「好證據」假設、因果型假設及實行面假設。

測驗你的批判性推理能力

技巧 23　在論證中以一個用詞取代另一個用詞時，注意「偷換概念」。

問題12　犯罪

根據《週日報》（*Sunday*）中「生活與時代」版上的一篇文章：「我們這座城市的犯罪率下降，警力加強、社區監控、高罰鍰以及刑期加長，這些全都作出貢獻，使報案件數減少20%。」

下列陳述當中，何者一旦成立，最能弱化「我們這座城市的犯罪率下降」這個看法？

A）一個隔壁城市的週日報中也報導了犯罪。

B）那些支持警力加強以降低我們城市的犯罪率的票數當中，也包含警察投的票。

C）警方最近逮捕的人當中，多數是慣犯。

D）這篇文章的作者把白領犯罪也包含於他對犯罪的定義裡，因此增加了報案件數。

E）有可能報案數量減少，但實際犯罪數量不變或增加。

（解答請見212頁）

技巧 24　改變字詞的定義，將難以作出有效比較。

問題13　過動

看到現在的小孩比十年前的小孩更過動，許多成人直接歸咎於電玩及多媒體娛樂的盛行。

下列陳述當中，何者最能破壞上述論證？

A）雖然，現在的小孩比十年前的小孩更過動，但廣泛認為他們更自發、更有創意。

B）比起「現在的小孩更過動」，指責「現在的小孩更暴躁好鬥」更嚴重。

C）平均而言，近年出版的童書內含的插圖，多於以往出版的童書。

D）十年前，很多類型的行為還不被視為過動。

E）據報導，注意力不足過動症（Attention Deficit Hyperactivity Disorder，ADHD）之類疾病的發生率在近年呈現增加趨勢。

（解答請見213頁）

技巧 25　若一情況涉及一項「調查」，應該檢視這調查的樣本在量與質方面是否具有代表性。

問題14　電影迷

根據最近的一項調查，《受害人的復仇》（*Victim's Revenge*）這部電影若拍攝續集的話，將不會賣座。最近一項針對全國各地週日下午場電影觀眾，進行調查所獲得的結果顯示，以精神病傾向的連環殺手為情節的電影，已經不符現今電影迷的品味了。因此，若電影製片公司想拍攝賣座的影片，應該避開這類影片。

下列陳述當中，何者最能反駁「電影製片公司應該停止製作以精神病傾向的連環殺手為情節的電影」這個論點？

A）電影明星擁有大量會觀看他們每部影片的粉絲。

B）週日下午場電影觀眾不能代表全體電影觀眾的看法。

C）希區考克（Alfred Hitchcock）導演的電影《驚魂記》（*Psycho*）在1960年上映時非常賣座，並於1998年時重拍。

（接下頁）

（接上頁）

D）選修犯罪學課程的大學生人數，以及根據真實連環殺手故事撰寫的書籍銷售量全都增加。

E）這類電影的製作成本高，因為能夠精湛表現情緒矛盾及高智商犯罪的演員片酬高。

（解答請見213頁）

技巧 26　代表性假設的基本概念，是一個較少數的東西可以代表更大的全體。

問題15　牛市

「哇，印度的經濟一定很強勁，年初至今，印度國家證交所（NSE）指數已經上漲超過1,000點了。」

下列陳述當中，何者最能支持上述論點？

A）印度國家證交所指數是用以判斷印度總體經濟強度的一個好指標。

B）年初至今，孟買證交所（BSE）指數也上漲了近500點。

C）去年這個時候，印度國家證交所指數其實是下跌的。

D）在印度經濟被認為強勁的同一時期，亞洲及歐洲的經濟也被認為是強勁的。

E）印度國家證交所指數向來波動甚大。

（解答請見214頁）

技巧 27　總的來說，每當我們以偏概全地論證時，就是在作代表性假設。

問題16　推桿進洞

「你的高爾夫球表現不理想嗎？推桿進洞是你的弱項嗎？新問市的

『甜蜜點球桿』讓你一夕之間提升高爾夫球表現，不需要密集的訓練課程，就算是業餘者也能把他們的推桿進洞率大大提高25%。使用新問市的『甜蜜點球桿』，你也能打出低桿數的好成績。」

相信上述這段廣告的人，是作出了下列哪一個假設？

A）高爾夫球玩家若沒有優質器材，就無法改進他的表現。

B）新問市的「甜蜜點球桿」對業餘者的助益大於職業選手。

C）高爾夫球玩家的表現主要取決於他的推桿進洞準確度。

D）新問市的「甜蜜點球桿」優於市面上現有的任何其他球桿。

E）在改進推桿進洞準確度方面，訓練課程的成效不如使用優質器材。

（解答請見214頁）

技巧 28 仔細檢視論證中的證據是否為精心挑選出來，用以支持自身論點，以免落入「有意選擇」（proof by selected instances）的陷阱。

問題17 評論家的選擇

在新近出版的《小說家衰落》（*Decline of the Novelist*）一書中，作者認為，現今的小說家缺乏二十世紀的小說家普遍具有的技巧。該書的這個論點可能是對的，因為它分析了200本小說，其中100本是當代小說，100本是二十世紀小說，具說服力地說明，很少當代小說家展現相同於二十世紀小說家的技巧水準。

下列陳述當中，何者指出了這位評論家最嚴重的邏輯缺陷？

A）縱使讀者還未閱讀這本書中對那些小說的文學分析，光看此書的書名，就可能接受此書的論點。

B）評價一小說時，除了小說家的技巧，可能還有其他標準。

C）這位評論家可能選擇最支持此書論點的小說。　　　（接下頁）

（接上頁）

D）現今小說家使用的特定方法，需要的文學技巧可能更甚於劇作家。

E）不熟悉文學評論術語的讀者，可能不會因為此書對200本小說的分析就接受其觀點。

（解答請見215頁）

技巧 29　「被忽略的證據」可能是研判一論證是否成立的關鍵。

問題18　脾氣

史蒂夫說：「我的兩個紅髮朋友理克和哈瑞特都很暴躁，看來，紅髮的人脾氣差。」

約翰說：「胡扯，紅髮的人其實相當溫和，我的三位紅髮朋友傑夫、穆瑞爾和貝斯基，全都溫文儒雅。」

下列陳述當中，何者最可能解釋上述兩種看似矛盾的論點？

A）從人數上講，史蒂夫的紅髮朋友人數可能不同於約翰的紅髮朋友人數。

B）史蒂夫及約翰的紅髮朋友總人數，可能不多於他們認識的非紅髮朋友。

C）史蒂夫或約翰有可能不正確地評價其一或多個紅髮朋友。

D）史蒂夫及約翰有可能都有非紅髮、但脾氣差的朋友。

E）史蒂夫及約翰分別用以支持自己結論的例子可能都成立。

（解答請見216頁）

技巧 30　關連性不等於因果關係。

問題19　自行車騎士

調查顯示，職業賽自行車騎士的體脂肪介於4%至11%。若我們全都能把體脂肪降低至這個水準，全都能騎出世界級水準。

下列陳述當中，何者最正確地描繪上述論點使用的推理方法？

A）它的結論是根據證據，而它的證據是根據結論。

B）它得出一個不合邏輯的結論，說明了論證的荒謬。

C）它假設兩個高度相關的事件是一種因果關係。

D）它使用有缺陷的證據來支持它的結論。

E）它的論點先入為主。

（解答請見217頁）

技巧 31　因果型假設是假設一事件發生後，另一事件將發生，第一個事件為因，第二個事件為果。

問題20　SAT分數

最近，頂尖美國大學院校的平均SAT分數提高，家長們深受這消息鼓舞。不幸的是，這令人鼓舞的統計數字具有誤導作用，SAT分數提高，並不是因為學生們的數學、英語和寫作技巧進步，而是因為學生們變得更會考試。研究發現，過去20年間，那些被頂尖大學院校大學部錄取的學生，他們的基本閱讀、寫作及數學技巧其實呈現下滑趨勢。

上述這段陳述的作者，主要用下列何者來推論：

A）否定其對立者的數據正確性。

（接下頁）

（接上頁）

B）為其對立者的證據找出另一個解釋。

C）提出不相干的資訊，以使注意力偏離主要議題。

D）使用循環推理（circular reasoning）。

E）指出其對立者的證據可能錯誤。

（解答請見218頁）

技巧 32 處理因果情境時，首先思考另類因果解釋。若論證內容說A導致B，那就檢視是否有另一個原因（亦即C）導致B。

問題21 瓦德茲

自安娜‧瓦德茲（Ana Valdez）擔任Zipco公司總裁後，公司的平均年獲利率為15%。她的前任總裁任期內，公司的平均年獲利率只有8%。顯然，瓦德茲採取的積極國際行銷方案加快了Zipco公司的獲利率成長。

下列哪一個陳述若正確的話，最能反駁上述結論？

A）瓦德茲的前任總裁任期內，Zipco公司展開一項廣告方案，主要爭取開發中國家19歲至25歲年齡層消費者。

B）公司去年興建的新製造廠有高出35%的產能。

C）自瓦德茲擔任總裁後，公司把廣告的重心從平面廣告轉向電台及電視廣告。

D）瓦德茲雇用了一家知名的獵人頭公司，為公司的五個事業單位中的兩個單位找到有才幹的副總裁。

E）瓦德茲接掌總裁前，前任總裁瓊斯先生主導收購了一家對手公司，使得Zipco的年營收增加了近一倍。

（解答請見220頁）

技巧 33 有些情況是某一個原因會導致兩個結果。若一個論證說A導致B，那就要考慮另一個原因（C）同時導致A及B的可能性。

問題22 新聞標題

《學院論壇報》（*College Tribune*）的一則新聞標題是：「肥胖與憂鬱有關。」

下列哪一個陳述若正確的話，最能削弱「體重過重與憂鬱之間有關連性」的隱含結論？

A）一個肥胖者可能不了解他為何憂鬱，或如何擺脫憂鬱的痛苦。

B）憂鬱也可能是肥胖以外的其他原因導致。

C）低自尊心經常被指為肥胖及憂鬱的導因。

D）一個體重為另一人兩倍的人，其憂鬱程度不可能是另一人的兩倍。

E）憂鬱又跟絕望及自殺有關。

（解答請見220頁）

技巧 34 若一個論證說A導致B，那麼，「B導致A」就是因果倒置，若「B導致A」成立，就應該懷疑A真的導致B。

問題23 看電視

一個研究員根據每天觀看暴力電視節目的時數，把128名成人區分為兩組──重度電視觀看者及輕度電視觀看者。研究發現，重度觀看群中展現高度暴力傾向的比例明顯高於輕度觀看群。因此，研究員的結論是，看電視（尤其是暴力電視節目）時數較多，導致更高程度的暴力傾向。

下列哪一個陳述若正確的話，最能反駁上述結論？

（接下頁）

（接上頁）

A）重度觀看群中的一些人展現的暴力傾向，低於這群組中的其他人。

B）輕度觀看群中有一些人未展現任何暴力傾向。

C）害怕觀看大量電視節目會導致暴力傾向，這是一些受調查者限制他們觀看電視時數的原因。

D）一些受調查者觀看直播節目，其他受調查者觀看預錄節目。

E）一些受調查者原本就有高度暴力傾向，導致他們觀看電視的時數增加，尤其是暴力電視節目。

（解答請見221頁）

技巧 35 檢驗相反情境，例如：若你聽到有人說滿月導致犯罪率升高，你應該檢視非滿月時的犯罪率。

問題24 鯊魚

在澳洲南部外海的一個海洋保護區，人們有時遭受鯊魚的攻擊。有人認為，鯊魚只會攻擊那些被牠們誤以為是海豹的人，當衝浪者穿著全黑的連身緊身衣時，鯊魚可能誤以為他們是海豹。過去幾年，衝浪者已經開始穿著鮮豔顏色、有金屬光澤的連身緊身衣。雖然，許多當地居民仍然對此論點抱持懷疑，但迄今未有穿著金屬光澤緊身衣的衝浪者遭受鯊魚攻擊。

下列哪一個陳述成立，最能支持那些倡導穿著金屬光澤緊身衣者的論證？

A）最近，在其他衝浪地區，穿著金屬光澤緊身衣的衝浪者未遭受鯊魚攻擊。

B）最近，在這片海洋保護區，一些穿著黑色連身緊身衣的衝浪者遭受鯊魚攻擊。

C）最近幾個月，澳洲南部外海的這個海洋保護區未見鯊魚出沒。

D）一些穿著金屬光澤緊身衣的衝浪者也戴上含有金屬鈴的手環，以嚇跑鯊魚。

E）潛水者觀察到鯊魚攻擊鮪魚及其他海洋魚類，其中一些魚類是黑色的。

（解答請見221頁）

技巧 36 理論可能與現實脫節，計畫未必等同於完成的行動，別假設計畫將一帆風順地實行。

問題25 太陽能

太陽能沒有石油、煤炭及核能之類較傳統能源所具有的大問題，它不需要自外國進口、不會製造空氣及水污染、不會有致人於死的輻射，也不會被能源巨頭壟斷。因此，我們應該鼓勵家庭使用太陽能。

下列哪一個陳述若正確的話，會最能反駁上述論證？

A）調查一般家戶使用太陽能情形的研究很少。

B）大多數批評太陽能的研究是由壟斷性能源巨頭所做的。

C）研究尚未發展出多數個別家庭能使用的有效取得與儲存太陽能的方法。

D）聯邦政府對國內生產的原油及天然氣的價格管制可以降低一般家庭的燃料成本。

E）建立與安置用以收集足供四口家庭使用的太陽能所需要的裝置成本，等於四口之家一年的石油、煤炭或核能的支出。

（解答請見223頁）

「能」不等於「將會」；一個人做某件事的能力不應該代表他會運用這能力，不論是出於選擇或忽視。

問題26 經典文學

任何識字的人，只要不懶惰，都能閱讀經典文學。由於識字的人很少閱讀經典文學，顯然多數識字的人是懶人。

下列陳述當中，何者是上述論證的背後假設？

A）只有識字的人才能看懂經典文學。

B）任何識字的人都應該閱讀經典文學。

C）任何識字的懶人都沒機會閱讀經典文學。

D）任何識字而不閱讀經典文學的人都是懶人。

E）任何識字而能閱讀經典文學的人，都會選擇閱讀經典文學。

（解答請見224頁）

技巧 38 落實實行面假設的方法之一是預測可能出現哪些瓶頸。

問題27 公共交通工具

人們應該從開車上班改變為使用公共交通工具，例如：公車及地鐵。舉例而言，在紐約、倫敦或東京之類的大城市，車子是一種昂貴且缺乏效率的交通工具，還有，石化燃料排放的廢氣是城市污染的主要來源。

下列陳述當中，何者不是上述論證的背後假設？

A）可能有比讓人們改用公共交通工具更為容易的方法，可以減輕大城市的污染。

B）目前有夠多的人實際擁有車子，並且開車上班，這使得此計畫

在現實中可行。

C） 有便利的公共交通系統可供願意改變的人使用。

D） 目前的公共交通系統能容納所有願意改變的人。

E） 這城市負擔得起雇用公共交通司機及相關人員的薪資，否則他
們可能在早上及傍晚尖峰時段結束後就沒活可做。

（解答請見226頁）

技巧 39 一個論證的成立，可能仰賴假設個人或組織知道既存的事實、情況
或條件。

問題28 彩虹公司

「蒂娜顯然不關心環境，她仍然繼續使用彩虹公司出產的『紫騎士
氈頭彩色筆』，儘管，最近幾篇報紙報導該公司違法傾倒有毒廢棄
物至港口而遭起訴。」

下列陳述當中，何者最能反駁「蒂娜不關心環境」的指責？

A） 雖然，彩虹公司是最近幾篇報紙報導的對象，但它的優質產品
向來獲得消費者好評。

B） 蒂娜並不知道有關於彩虹公司違法傾倒有毒廢棄物至港口而遭
起訴的這些近期報紙報導。

C） 報導彩虹公司遭起訴的這家報社也發行名為《微醉聊是非》的
八卦雜誌。

D） 彩虹公司的公關部門從未發表聲明來否認該公司違法。

E） 蒂娜在大一及大二期間是一個環保組織的成員。

（解答請見226頁）

尋找某個東西時，並不能保證我們找到當下就能辨識出它。一個論證的關鍵假設可能是：我們能夠正確辨識出自己在尋找的東西。

問題29 性格

面試已經成為商學院碩士班入學審核流程不可或缺的一環，由於性格被視為不僅是在商學院裡成功的要素，對職場上的成功也很重要，商學院會根據面試官的回饋資訊挑選出性格能在商學院及職場都成功的申請人。

下列陳述當中，何者是上述論證的關鍵假設？

A）審核工作若包含面試，招生通常會成功。

B）面試已經成為商學院碩士班入學審核流程中最重要的環節。

C）面試能夠正確分辨出那些性格適合或不適合攻讀商學院中的申請人。

D）審核辦公室面試申請人的唯一目的是，評估申請人的性格是否適合商學院環境。

E）面試將在一天中的相似時段進行，並在相似的場所進行。

（解答請見227頁）

全部結合起來

技巧 41 在一個論證中一旦找到含糊不清的用詞，務必要求對方釐清。

問題30 雅痞咖啡館

為了總複習分析論證的使用技巧，請以論文或要點概述方式，寫出對下面這個論證的回應。

> 下面這段內容出現於某家廣告公司鼓吹地方性商業透過網際網路及社交媒體打廣告的活動文章：
>
> 「雅痞咖啡館今年開始在網際網路上打廣告，並且喜見業務比去年全年增加了15%。他們的成功顯示，你也可以使用網際網路讓你的事業更賺錢。」
>
> 這個論證對你有多大的說服力？你會如何使這論證變得更具說服力？切記使用典型的論證結構來分析上述論證，辨識其中的結論、證據以及至少三個假設。

（解答請見228頁）

第 5 章

運用邏輯

當你排除了所有的不可能，剩下的，不論看
起來多麼不可能，必定是真相。

——夏洛克·福爾摩斯
（Sherlock Holmes）

概述

本章聚焦於四個相互關聯的主題：

1. 「若……，則……」（If…then）陳述
2. 「全非（No），全是（All），一些（Some），大多數（Most）」陳述
3. 相互包含（mutual inclusivity）與彼此獨立（mutual exclusivity）
4. 邏輯等價（logical equivalence）陳述

為了介紹形式邏輯，請先考慮以下陳述：

原陳述：若你努力，你將會成功。

現在，思考下列相關陳述：

陳述 1：若你成功，那代表你努力了。
陳述 2：若你不努力，你將不會成功。
陳述 3：若你不成功，那代表你未努力。

問題：上述三個相關陳述，何者是原陳述的邏輯推論？

仔細檢視，陳述1未必正確。你成功（不管這成功定義為何），並不意味你必然努力了，可能有其他因素使你變得成功，例如：可能你很有技巧、聰明，或純粹幸運。

同理，陳述2也未必正確。你不努力，並不意味你將不會成功，如前所述，你可能很有技巧、聰明，或純粹幸運，所以，儘管你不努力，但仍然成功。陳述3是原陳述的正確邏輯推論，若你不成功，那代表你未努力。不過，這並不意味沒有其他原因可能使得你不成功，例如：也許你的方法既不聰明，也沒有技巧，或者，你的運氣差。

「若⋯⋯，則⋯⋯」陳述

　　「若⋯⋯，則⋯⋯」陳述是因果關係的另一種表示法，一般用以下的陳述來表示：「若A，則B」，有時也寫成更公式化的形式：「若A → B」。看看下面這個陳述：「若它是美鈔，那它就是綠色」，這陳述也可以寫成：「若是美鈔 → 綠色」。另一種呈現「若⋯⋯，則⋯⋯」關係的方式是畫圓圈，「若」的部分永遠在最內圈，「則」的部分永遠在最外圈，如下方<圖表5-1>所示。

■ 圖表5-1 「若⋯⋯，則⋯⋯」陳述的圖示法

　　若它是美鈔，那它就是綠色。（若為美鈔，則為綠色。）

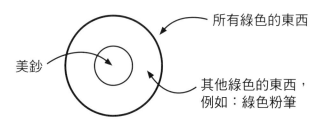

　　此圖顯示美鈔與所有綠色的東西之間的關係。我們可以從內圈推向外圈，但不能從外圈推向內圈；「若為美鈔，則為綠色」這句陳述不等於「若為綠色，則為美鈔。」

　　我們可以從這類陳述邏輯地推論什麼呢？右頁<圖表5-2>中有四句陳述，漫不經心的觀察者可能認為它們全都是正確的邏輯推論，其實，只有第四個陳述是正確的邏輯推論。對於「若⋯⋯，則⋯⋯」陳述，切記，你只能以一個方向讀，因為反向未必為真。根據原陳述：「若它是美鈔，那它就是綠色」，從這句陳述，我們可以邏輯推論出的正確陳述是：「若它不是綠色，那它就不是美鈔。」

■ 圖表5-2 美鈔

陳述	這陳述是正確的邏輯推論嗎？
（1）若它是美鈔，那它就是綠色。	這是原陳述。
（2）若它是綠色，那它就是美鈔。	不是。這陳述的意思是，所有綠色的東西都是美鈔，這當然是謬論。宇宙中有許多東西是綠色的，包括綠色粉筆、耶誕樹、垃圾桶、綠色植物，還有科米蛙（Kermit the Frog）。這種邏輯推論謬誤被稱為「肯定後件謬誤」（fallacy of affirming the consequent）。
（3）若它不是美鈔，那它就不是綠色。	不是。美鈔之外，許多東西是綠色的。（這種邏輯推論謬誤被稱為「否定前件謬誤」〔fallacy of denying the antecedent〕）。
（4）若它不是綠色，那它就不是美鈔。	是。這陳述是原陳述的正確邏輯推論，因為綠色是美鈔的必要條件之一。

　　為運用「若……，則……」陳述，你必須記住下方＜圖表5-3＞中的資訊。根據形式邏輯，逆否陳述（contrapositive statement）總是正確，但話雖如此，從「若A，則B」的陳述，我們只能推論出：「若非B，則非A。」

■ 圖表5-3 「若……，則……」陳述的邏輯

陳述	形式邏輯	這陳述是正確的邏輯推論嗎？
（1）若A，則B。	這是原陳述	這是原陳述。
（2）若B，則A。	肯定後件謬誤	不，這不是正確的邏輯推論。
（3）若非A，則非B。	否定前件謬誤	不，這不是正確的邏輯推論。
（4）若非B，則非A。	逆否陳述	是，這是根據原陳述的正確邏輯推論。

必要條件 vs. 充分條件

　　了解「若……，則……」陳述的另一種方法是透過了解**必要條件**（necessary condition）與**充分條件**（sufficient condition）的差別。一個必要條件必須存在，一事件才會發生，但光有這必要條件，不能確保此事件將發生。一個充分條件本身就足以確保此事件將發生。用術語來說，一個必要條件是一個條件，若此條件不具備，將使這事件無法發生。一個充分條件是一個條件，若此條件存在的話，將導致此事件發生。

　　當一個人說：「若A，則B」，又說：「若B，則A」的話，他是錯誤地顛倒條件陳述。我們不能顛倒一個條件陳述的理由是，原「若……，則……」陳述是一個必要條件，當它被顛倒時，「若……，則……」陳述就錯誤地變成一個充分條件了。在139頁＜圖表5-2＞的例子中，一個東西要被視為美鈔，「綠色」是一個必要條件，但不是一個充分條件，很顯然，除了「綠色」，還得有其他因素存在，包括特殊的水印紙、獨特的標誌、精確尺寸等等，才能構成美鈔。把「若……，則……」陳述顛倒過來，我們就錯誤地指稱「綠色」這個標準，就足以讓某個東西被視為美鈔。

　　再看一個例子：「我天天餵水給我的寵物倉鼠，牠仍然死了」，對你的寵物倉鼠餵水是讓牠存活的一個必要條件，但不是充分條件。很顯然，倉鼠需要除了水以外的許多其他東西，例如：食物。

「全非，全是，一些，大多數」陳述

推論時發生的許多錯誤是因為日常語言本就含糊不清，舉例而言，看看下列四個陳述：

陳述1：沒有一個A是B。

陳述2：所有A都是B。

陳述3：一些A是B。

陳述4：大多數A是B。

為了解這四個陳述的含義，參見143頁＜圖表5-4＞。我們可以看到，陳述1相當於圖（1a）或（1b），但通常是圖（1a）。陳述2可能代表圖（2a）或（2b），通常是圖（2b）。陳述3指的是圖（3a）或（3b）或（3c），通常是圖（3b）。陳述4指的是圖（4a）或（4b），通常是圖（4b）。結果顯示，日常語言可能妨礙我們清晰思考，因此往往需要使用非語言符號來釐清。

「大多數」陳述和「一些」陳述有兩大差別：其一，「大多數」隱含過半數，「一些」隱含少於半數；其二，「一些」陳述本身是可逆的，但「多數」陳述往往不是可逆的。例如：「一些醫生是有錢人」這個陳述隱含「一些有錢人也是醫生」，但「多數醫生是有錢人」這個陳述並不意味「多數有錢人是醫生」。

＜圖表5-4＞（參見143頁）以圖解形式摘要相互包含、彼此獨立和重疊的概念。兩個圓圈可能完全分開，或彼此重疊，或一個圓圈嵌入另一個圓圈裡頭。基本上，有九種可能性。

＜圖表5-5＞（參見145頁）提供邏輯等價陳述的摘要。更理解這

些關係的圖示，下一步是能夠把這些圖示跟語言的邏輯陳述結合起來，這是一種轉譯練習。舉例而言，在「相互包含」這一欄，我們必須能夠看出下面的所有陳述是等價陳述：「所有貓都是哺乳動物」；「每隻貓是一隻哺乳動物」；「若牠是貓，那牠就是一隻哺乳動物」；「只有哺乳動物才是貓」；「沒有一隻貓不是哺乳動物」。

相互包含與彼此獨立

▣ 圖表5-4 重疊情境及不重疊情境

陳述1──沒有一個A是B──指的是圖（1a）或（1b）

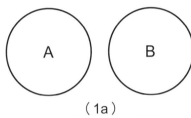

（1a）
A和B不重疊，也不接觸。

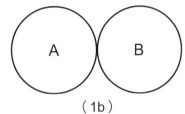

（1b）
A和B不重疊，但有接觸。

陳述2──所有A都是B──指的是圖（2a）或（2b）

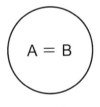

（2a）
A和B完全重疊。

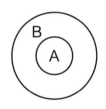

（2b）
A完全包含在B裡頭。

（接下頁）

（接上頁）

陳述3——**一些A是B**——指的是圖（3a）或（3b）或（3c）

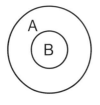 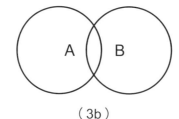 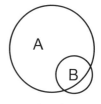

（3a）
B完全包含在
A裡頭。

（3b）
A和B部分重疊。

（3c）
A和B部分重疊，多數
B包含在A裡頭，但多
數A不包含在B裡頭。

陳述4——**多數A是B**——指的是圖（4a）或（4b）

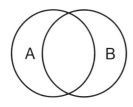 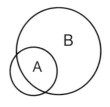

（4a）
A和B部分重疊，多數A
包含在B 裡頭，多數B包
含在A裡頭。

（4b）
A和B部分重疊，多數A
包含在B 裡頭，但多數B
不包含在A裡頭。

邏輯等價陳述

▣ 圖表5-5 邏輯等價陳述

	相互包含	彼此獨立	可逆性或重疊
「全是」型陳述	• 所有貓都是哺乳動物。 • 貓是哺乳動物。 • 每隻貓是一隻哺乳動物。 • 凡是貓皆為哺乳動物。 • 所有非哺乳動物都不是貓。	• 所有貓都不是鳥。 • 所有鳥都不是鯨。	不適用
「只有」型陳述	• 只有哺乳動物才是貓。 • 一個東西得是哺乳動物，牠才是貓。	• 唯有不是鳥的東西，才是貓。 • 唯有不是貓的東西，才是鳥。	不適用
「全非」型陳述	• 沒有一隻貓不是哺乳動物。 • 除非牠是哺乳動物，否則就不是貓。	• 沒有任何貓是鳥。 • 沒有任何鳥是貓。 • 沒有任何一隻貓是鳥。 • 沒有任何一隻鳥是貓。	不適用
「若……，則……」型陳述	• 任何一個東西若為一隻貓，那牠就是哺乳動物。 • 任何一個東西若不是一隻哺乳動物，那牠就不是貓。	• 任何一個東西若為一隻貓，那牠就不是鳥。 • 任何一個東西若為一隻鳥，那牠就不是貓。	不適用
「一些」型陳述	不適用	不適用	• 一些哺乳動物生活於海裡。 • 一些生活於海裡的東西是哺乳動物。
「大多數」型陳述	不適用	不適用	• 大多數哺乳動物不生活於海裡。 • 大多數生活於海裡的東西不是哺乳動物。

測驗你的邏輯推理能力

技巧 42 千萬別顛倒「若……，則……」陳述。「若A，則B」不等同於「若B，則A」。在邏輯學中，這被稱為「肯定後件謬誤」。

問題31 化學家

「若某人是化學家，那他就是科學家。祖布林斯基女士是個科學家，因此她是化學家。」

下列陳述當中，何者最能解釋上述論證不正確？

A）某人若不是科學家，他就不是化學家，所以，某人若不是化學家，他就不是科學家。

B）某人若不是科學家，他就不是化學家，但某人可以是個科學家，但不是化學家。

C）某人若不是化學家，他就不是科學家，但某人可以是個化學家，但不是科學家。

D）某人可以是個化學家，但不是科學家，也可以是個化學家，但不是科學家。

E）某人可以是個科學家或化學家，但不可能既是科學家、又是化學家。

（解答請見230頁）

技巧 43 從「若A，則B」陳述得出的正確邏輯推論是「若非B，則非A」。在邏輯學中，這被稱為「逆否陳述」。

問題32 曲折情節

創造曲折情節的能力是劇作家必備的天賦之一，優秀的情節發展可以使電影滿足觀眾在智力與情感層面的要求。若編劇想繼續作為一種重要的藝術形式，劇作家就必須繼續創作曲折情節。

上述論證的作者最可能贊同下列陳述當中的何者？

A）若一個劇本有曲折的情節，它必定是一種重要的藝術形式。

B）沒有曲折情節的劇本，絕不會成為一部賣座電影。

C）若一個劇本沒有曲折情節，它可能不會成為一個重要的藝術形式。

D）編劇最有可能成為一種重要的藝術形式。

E）劇作家必須在其劇本中創造多個情節。

（解答請見231頁）

技巧 44 「若A，則B」陳述不等同於「若非A，則非B」。在邏輯學中，這被稱為「否定前件謬誤」。

問題33 校園酒吧

「期末考週，校園酒吧賣出很多啤酒。但現在不是期末考週，所以，我們的校園酒吧必定沒賣出很多啤酒。」

下列陳述當中，何者在邏輯上最相似於上述論證？

A）人們快樂時，會微笑，但沒人在微笑，想必沒有一個人是快樂的。

（接下頁）

（接上頁）

B）人們快樂時，會微笑；我們的家庭成員快樂，所以，他們必定面露微笑。

C）人們快樂時，會微笑，但一個人不快樂時也可能微笑。

D）人們快樂時，會微笑，現在沒人快樂，因此沒人微笑。

E）人們不快樂時，他們不會微笑；我們的家庭成員都在微笑，所以，他們必定沒有不快樂。

（解答請見231頁）

技巧 45 思考一個「若A，則B」形式的「若……，則……」陳述的方法之一是：A得出B，並不意味C、D或E不會得出B。

問題34 陽台

若你的公寓位於五樓以上，一定有一個陽台。

下列陳述當中，何者可以有邏輯地推論出上面的陳述？

A）五樓的公寓全都沒有陽台。

B）除非是位於五樓以上的公寓，否則都沒陽台。

C）所有五樓以上的公寓都有陽台。

D）所有陽台都是為五樓以上的公寓而建的。

E）陽台不是為五樓以下的公寓而建的。

（解答請見232頁）

| 技巧 46 | 必要條件不同於充分條件。「人需要水以維持健康」，並不意味光有水就能使一個人健康，水是維持健康的必要條件，非充分條件。 |

問題35　全球暖化

雅各：「若我們想遏止全球暖化，我們必須通過立法，減少碳排放。」

皮耶：「這不對。遏止全球暖化所需要的努力，遠多於通過立法以減少碳排放。」

皮耶的回應不當是因為他誤以為雅各所言的意思是：

A）通過立法以減少碳排放，是減輕全球暖化的必要之舉。

B）唯有通過立法以減少碳排放，才能遏止全球暖化。

C）若要遏止全球暖化，必須通過立法以減少碳排放。

D）通過立法以減少碳排放，就足以遏止全球暖化。

E）光是通過立法以減少碳排放，將不足以遏止全球暖化。

（解答請見233頁）

| 技巧 47 | 「若A，則B」陳述不等同於「只有A能是B」。舉例而言，「若你想製作美味沙拉，你應該使用番茄」這個陳述，不應被解讀為意指製作美味沙拉只需要番茄。 |

問題36　銷售員

黛博拉：「想成為優秀的銷售員，你必須友善。」

湯姆：「不是的，成為一個優秀銷售員，需要的條件遠非只有友善。」

湯姆將黛博拉的陳述理解為：

（接下頁）

（接上頁）

A）友善是成為一個優秀的銷售員最重要的特質。

B）若某人是個優秀的銷售員，他是個友善的人。

C）銷售員只需要友善，就能成為優秀的銷售員。

D）多數優秀的銷售員是友善的人，但不是所有友善的人都是優秀的銷售員。

E）若某人不友善，他將無法成為一個優秀的銷售員。

（解答請見234頁）

技巧 48　「每個A都是B」的陳述不等同於「只有A才是B」。舉例而言，「每隻貓是一隻哺乳動物」的陳述不應被解讀為「只有貓才是哺乳動物」。

問題37 足球

瑪莉：「世界盃足球賽巴西隊裡的每一個人都是優異的球員。」

貝絲：「什麼？世界盃足球賽義大利隊裡有一些舉世最佳的球員。」

貝絲的回應顯示她誤以為瑪莉所言的意思是：

A）只有世足賽巴西隊的球員是優異的球員。

B）瑪莉認為世足賽巴西隊是最優秀的球隊。

C）世足賽義大利隊裡有不優異的球員。

D）世足賽巴西隊若對上世足賽義大利隊，巴西隊可能擊敗義大利隊。

E）世足賽巴西隊的整體水準如同世足賽義大利隊一樣高。

（解答請見235頁）

技巧 49 「全是」型陳述隱含包含性;「一些」型陳述隱含可逆／重疊性;
「全非」型陳述隱含獨立性。

問題38 醫學界層級

所有外科醫生是醫生。

一些研究員是外科醫生。

所有醫生擁有行醫執照。

沒有任何學生擁有行醫執照。

若上述陳述全都為真,下列何者不可能為真?

A) 沒有任何醫生是研究員。

B) 一些外科醫生是醫生,但不是研究員。

C) 一些研究員是醫生,但不是外科醫生。

D) 一些外科醫生擁有行醫執照,但不是研究員。

E) 一些研究員既不是外科醫生,也沒有行醫執照。

(解答請見235頁)

技巧 50 「一些」型陳述隱含可逆性,「大多數」型陳述卻未必是可逆的。

問題39 山谷高中

根據從山谷高中入學與註冊辦公室取得的資訊,課程顧問觀察到目前這個學期的下列選課趨勢。

沒有任何選修數學課的學生選修法語課。

所有選修物理課的學生也選修數學課。

多數選修數學課的學生也選修英語課。

一些選修英語課的學生也選修創意寫作課。

(接下頁)

（接上頁）

若上述陳述全部為真，下列哪一個陳述必定為偽？

A）一些選修創意寫作課的學生也選修法語課。

B）所有選修物理課的學生也選修英語課。

C）所有選修數學課的學生也選修物理課。

D）一些、但非大多數選修英語課的學生也選修數學課。

E）一些選修物理課的學生也選修法語課。

（解答請見236頁）

附 錄

「很多人討厭邏輯，是因為他們本身沒有邏輯。」

——17世紀英國政治家哈利法克斯侯爵
（George Saville, 1st Marquess of Halifax）

附錄一：50種推理技巧摘要

第1章　知覺與思維模式

技巧 01　選擇性知覺指的是人們傾向以自己喜歡的方式來看待世界，而忽略其真實面貌。明智的思考者沉吟深思，不受到刻板印象、偏見、個別經驗或成見的影響。（參見18頁）

技巧 02　思維模式可以區分為四種基本類型：現實型、理想型、分析型以及綜合型。我們可以根據實用性與情感依附程度，進一步比較這些思維模式。（參見25頁）

第2章　創意思考

技巧 03　創意思考是「後門」思考。（參見31頁）

技巧 04　收斂性思考集中思路；發散性思考延展思路。（參見36頁）

技巧 05　魔鬼代言人技巧能提高客觀性，作出發散性思考。（參見44頁）

技巧 06　不質疑顯然之事、太快評價看法／點子、害怕顯得愚蠢——這些是創造力的前三大阻礙。（參見45頁）

技巧 07　切記「點子殺手」與「點子產生器」名單。（參見49頁）

技巧 08　腦力激盪有規則：點子數量多是第一優先；歡迎古怪的點子；不要立刻評估；鼓勵「搭便車」。（參見50頁）

技巧 09　探索這個問題是否為真正的問題，試著重新定義問題。（參見54頁）

技巧 10　在推銷創意點子時，多數人較容易被推銷者的信念及努力打動，而非邏輯說明的細節。（參見56頁）

第3章 作決策

技巧 11 正反面分析可以用一個T型圖來呈現，正面看法列於一邊，反面看法列於另一邊。（參見60頁）

技巧 12 矩陣是個實用的工具，用以摘要可對比兩個變數的資料，整理成四種不同的結果。（參見64頁）

技巧 13 決策樹以樹狀圖呈現一決策情境中可能導向的多種結果。（參見73頁）

技巧 14 機率樹終端分枝的所有機率總和必須等於1，亦即所有個別機率的加總等於1。（參見77頁）

技巧 15 加權排序是使用加權平均來找出解答的一種工具。為計算加權平均數，我們把每一個事件乘以一個權重，再將所有結果加總。若使用事件發生機率來為權重，就是把每一個事件乘以其發生機率，再將所有結果加總。（參見78頁）

技巧 16 效用分析為考量我們對各種結果的需求度，這可能不同於金錢上的報酬。（參見84頁）

技巧 17 沉沒成本對未來決策無關緊要。（參見87頁）

技巧 18 為了進行假設檢定，至少要用雙向表來進行因果推論。（參見89頁）

技巧 19 囚徒困境提供一個合作優於競爭的例子。（參見95頁）

第4章 分析論證

技巧 20 證據 + 假設 = 結論。假設是證據與結論之間的黏膠。（參見101頁）

技巧 21 攻擊一個論證的方法有兩種：質疑其證據，或質疑其假設。（參見103頁）

技巧 22 批判性思考最常犯的五種錯誤包括：拿蘋果和橘子相較、根據小樣本而過度概括化（以偏概全）、忽視相關的證據、因

果混淆，以及未能預期到把計畫付諸行動時的瓶頸。（參見109頁）

技巧 23 在論證中以一個用詞取代另一個用詞時，注意「偷換概念」。（參見120頁）

技巧 24 改變字詞的定義，將難以作出有效比較。（參見120頁）

技巧 25 若一情況涉及一項「調查」，應該檢視這調查的樣本在量與質方面是否具有代表性。（參見121頁）

技巧 26 代表性假設的基本概念，是一個較少數的東西可以代表更大的全體。（參見122頁）

技巧 27 總的來說，每當我們以偏概全地論證時，就是在作代表性假設。（參見122頁）

技巧 28 仔細檢視論證中的證據是否為精心挑選出來，用以支持自身論點，以免落入「有意選擇」的陷阱。（參見123頁）

技巧 29 「被忽略的證據」可能是研判一論證是否成立的關鍵。（參見124頁）

技巧 30 關連性不等於因果關係。（參見125頁）

技巧 31 因果型假設是假設一事件發生後，另一事件將發生，第一個事件為因，第二個事件為果。（參見125頁）

技巧 32 處理因果情境時，首先思考另類因果解釋。若論證內容說A導致B，那就檢視是否有另一個原因（亦即C）導致B。（參見126頁）

技巧 33 有些情況是某一個原因會導致兩個結果。若一個論證說A導致B，那就要考慮另一個原因（C）同時導致A及B的可能性。（參見127頁）

技巧 34 若一個論證說A導致B，那麼，「B導致A」就是因果倒置，若「B導致A」成立，就應該懷疑A真的導致B。（參見127頁）

技巧 35　檢驗相反情境，例如：若你聽到有人說滿月導致犯罪率升高，你應該檢視非滿月時的犯罪率。（參見128頁）

技巧 36　理論可能與現實脫節，計畫未必等同於完成的行動，別假設計畫將一帆風順地實行。（參見129頁）

技巧 37　「能」不等於「將會」；一個人做某件事的能力不應該代表他會運用這能力，不論是出於選擇或忽視。（參見130頁）

技巧 38　落實實行面假設的方法之一是預測可能出現哪些瓶頸。（參見130頁）

技巧 39　一個論證的成立，可能仰賴假設個人或組織知道既存的事實、情況或條件。（參見131頁）

技巧 40　尋找某個東西時，並不能保證我們找到當下就能辨識出它。一個論證的關鍵假設可能是：我們能夠正確辨識出自己在尋找的東西。（參見132頁）

技巧 41　在一個論證中一旦找到含糊不清的用詞，務必要求對方釐清。（參見133頁）

第5章　運用邏輯

技巧 42　千萬別顛倒「若……，則……」陳述。「若A，則B」不等同於「若B，則A」。在邏輯學中，這被稱為「肯定後件謬誤」。（參見146頁）

技巧 43　從「若A，則B」陳述得出的正確邏輯推論是「若非B，則非A」。在邏輯學中，這被稱為「逆否陳述」。（參見147頁）

技巧 44　「若A，則B」陳述不等同於「若非A，則非B」。在邏輯學中，這被稱為「否定前件謬誤」。（參見147頁）

技巧 45　思考一個「若A，則B」形式的「若……，則……」陳述的方法之一是：A得出B，並不意味C、D或E不會得出B。（參見148頁）

技巧 46 必要條件不同於充分條件。「人需要水以維持健康」，並不意味光有水就能使一個人健康，水是維持健康的必要條件，非充分條件。（參見149頁）

技巧 47 「若A，則B」陳述不等同於「只有A能是B」。舉例而言，「若你想製作美味沙拉，你應該使用番茄」這個陳述，不應被解讀為意指製作美味沙拉只需要番茄。（參見149頁）

技巧 48 「每個A都是B」的陳述不等同於「只有A才是B」。舉例而言，「每隻貓是一隻哺乳動物」的陳述不應被解讀為「只有貓才是哺乳動物」。（參見150頁）

技巧 49 「全是」型陳述隱含包含性；「一些」型陳述隱含可逆／重疊性；「全非」型陳述隱含獨立性。（參見151頁）

技巧 50 「一些」型陳述隱含可逆性，「大多數」型陳述卻未必是可逆的。（參見151頁）

附錄二：推理謬誤

一種傳統的論證方法涉及學習與了解常見的推理謬誤，這方法可能會在大學裡的入門邏輯課程中學到。

認識謬誤的推理類型，並且防止犯這些錯誤，這很重要。學習與了解推理謬誤的好處之一是，避免不知不覺地建構謬誤的論證。「感覺」某個論證有錯是一回事，能夠明確地指出為何有錯，這又是另一回事，這兩者的差別就好比感覺身體不舒服，但不知道為什麼，只有去看醫生才能找出究竟是什麼原因。

這篇附錄中介紹的推理謬誤區分為四類，包括：

（1）語言型謬誤
（2）「壞證據」型謬誤
（3）錯誤假設型謬誤
（4）推論邏輯謬誤

下文對每一種謬誤作出扼要說明，並且舉出至少一個例子。

（1）語言型謬誤

·一詞多義謬誤

一詞多義謬誤（fallacy of equivocation）發生於使用的一個字或詞因不同背景而有兩種不同含義。

例子：「Gambling應該完全合法化，因為我們無法避免它，它是生活本身的一部分。每當人們開車或唸出結婚誓詞時，都是在gamble。」

「gambling」一詞用於兩種不同背景，造成含糊不明或歧義。（譯

註：gamble有兩種含義，其一為賭博，其二為冒險。）

縱使是三段論邏輯，也可能發生一詞多義的謬誤。

例子：「所有檸檬（lemon）是黃色的。

這輛車是個lemon。

所以，這輛車是黃色的。」

由於「lemon」有兩種含義，其一是一種水果（檸檬），其二指「低劣的」或「有瑕疵的」，於是就發生了推理謬誤，無法符合邏輯地從前提得出結論。

‧無差異的區別謬誤

無差異的區別謬誤（fallacy of distinction without a difference）的意思是，你精心挑選用詞來辯解你的作為不同於前一個作為，但是，儘管挑選的用詞不同，它們本質上相同。

例子：「我沒有說謊，我只是稍稍誇大了事實。」

說謊與誇大事實有何不同？

（2）「壞證據」型謬誤

‧以偏概全謬誤

以偏概全謬誤（fallacy of hasty generalization）指根據一個太小或不具代表性的樣本，得出一個結論。

例子：「我去過鳳凰城三次，每次都下雨，鳳凰城一定經常下雨。」

‧循環推理謬誤

循環推理謬誤（fallacy of circular reasoning）指結論本身是基於一個前提（一個證據），而這證據又是基於結論。

例子：「魏博的辦公桌總是亂七八糟，因為他沒有能力。一張混

> 亂的辦公桌象徵思路混亂，這告訴我們：他無法完成工作。」

　　上述論證實質上是說：「沒有能力導致一張混亂的辦公桌，一張混亂的辦公桌導致無法完成工作（亦即沒有能力）。」

・否定證據謬誤

　　否定證據謬誤（fallacy of negative proof）指一個陳述被視為真，是因為它未被證明為偽；或者，一個陳述被視為偽，是因為它未被證明為真。舉例而言，無人發現亞特蘭提斯（Atlantis，傳說消失的大陸）存在過的證據，但這不能證明亞特蘭提斯不曾存在過。

> 例子：「因為從未有我們辦公室的實習生抱怨過的薪資，我們可以確信辦公室的實習生對薪資感到滿意。」

・訴諸人身謬誤

　　訴諸人身謬誤是指攻擊人（往往是以針對私人或侮辱方式），而非攻擊論證或陳述本身，亦即「對人不對事」。

> 例子：「你怎麼能讓雪拉為你提供婚姻諮詢呢？你不知道她曾經因為郵件詐欺而坐過牢嗎？」

・扣帽子謬誤

　　扣帽子謬誤（fallacy of poisoning the well，或譯「井裡下毒謬誤」）指的是因為對方的背景（尤其是跟國籍、種族、性別或地理有關的背景）而否決對方的論證。

> 例子：「你說的話哪有可信度？你來自雪梨，你當然會認為雪梨比墨爾本要好。」

・你自己還不是這樣謬誤

　　你自己還不是這樣謬誤（tu quoque fallacy）指的是拒絕贊同對方

的立場或論點，因為對方也做了他的論點中指責的事。

> 例子： 父親：「兒子，你不該喝酒。喝酒傷肝，酒醉麻痺不是過
> 日子的方法啊。」
>
> 兒子：「爸，你手上拿的不是一杯琴湯尼嗎？」

雖然，父親也在喝酒，但這不意味他說的話沒道理。

・紅鯡魚謬誤

紅鯡魚謬誤（red herring fallacy）指的是企圖藉由強調一個旁的議題，轉移他人對真正議題的注意力，以隱藏一個論證中的弱點。

> 例子：老闆對員工說：「別跟我說薪資低，我在你這個年紀時，
> 一週只賺100美元。」

這名員工的老闆年輕時賺得更少這個事實，跟員工要求提高薪資這件事無關。

・強求不相關的目標或功用謬誤

強求不相關的目標或功用謬誤（fallacy of assigning irrelevant goals or functions）指的是因為一規定或行動不能滿足特定目標或目的，而否決它，但這些特定目標或目的並不是此規定或行動意圖達成的。

> 例子：彼得：「妳真的認為學習邏輯能幫助我們解決世界的問題
> 嗎？」
>
> 蒂芬妮：「不，大概不能。」
>
> 彼得：「那妳幹麼浪費時間學？」

・一廂情願謬誤

一廂情願謬誤（fallacy of wishful thinking）指你假設只因為你希望某件事是真的（或假的），它就會是真的（或假的）。

> 例子：「忘了我們球隊這季的差勁表現吧，我們的足球隊將在季
> 後賽的首輪擊敗上屆冠軍，全隊球員都相信自己，並且決

心大爆冷門獲勝。」

・倚老賣老謬誤

倚老賣老謬誤（fallacy of tradition）指的是試圖根據歷史、傳統或威望來說服他人，而非倚賴證據的力量。

例子：「提姆，你不能去讀海軍學院，你的家族向來是、也將是陸軍，你的父親、哥哥、祖父、叔叔，全都是陸軍。朋友，西點軍校才是你該去的。」

・訴諸輿論謬誤

訴諸輿論謬誤（fallacy of appeal to public opinion）指的是因為很多人接受一個思想或論點，因此你也接受它。

例子：「我將對稅法修正提案投下贊成票。根據最近的一項民意調查，25歲以下的已登記選民中，有超過三分之二支持這提案。」

・訴諸同情謬誤

訴諸同情謬誤（fallacy of appeal to pity）指利用同情心來說服他人，而非倚賴證據的力量。

例子：雪拉對約翰說：「你必須捐錢給孤兒院，這些孩子永遠不知道自己的親生父母是誰，已經夠可憐了，更何況連基本的生活必需品都沒有。」

（3）錯誤假設型謬誤

・假的二擇一謬誤

假的二擇一謬誤（fallacy of false alternatives）指假設兩個選擇當中的一個為正確，但這些通常很極端，很多事情有灰色地帶。這種謬

誤又被稱為「非此即彼謬誤」（either-or fallacy），或「非黑即白謬誤」（black-or-white fallacy）。

例子：「若你是不支持自由貿易者，那你一定是支持保護主義者。」

• 中庸之道謬誤

中庸之道謬誤（fallacy of the golden mean）指的是相信中間意見最佳，因為它是介於兩個極端之間。這也被稱為「溫和謬誤」（fallacy of moderation）。

例子：「初中老師認為，學校應該安排必修課程，初中學生的家長認為應該准許學生自選課程。最佳解決方案是結合老師與家長的期望。」

• 合成謬誤

合成謬誤（fallacy of composition）指的是認為個別部分為真的話，整體就必然為真。

例子：「布萊德是個優秀的年輕人，珍妮是個優秀的年輕人，他們會是一對佳偶。」

婚姻並不是一個個體加上另一個個體，兩個個體加總起來可能是佳偶，也可能是怨偶。

• 局部謬誤

局部謬誤（fallacy of division）指的是認為整體為真的話，個別部分也必然為真。舉例而言，紐西蘭橄欖球隊是一支優秀的球隊，但這並不意味該球隊裡的所有球員都是優秀球員。

例子：「由於一輛車很重，因此，打造一輛車子所用的部件重量都相當重。」

・連續體謬誤

連續體謬誤（fallacy of continuum）指認為可以忽略微小差異或漸進效果，因為它們整體看來無足輕重。

> 例子：「試著藉由每天學習一個新詞來建立你的詞彙能力。拿一本中型尺寸的詞典，從頭開始，每天學一個詞，最終，你將學完一整本，更重要的是，你將學會幾乎所有重要的英語用詞。有多少人能做到呢？」

・以單點攻擊全面謬誤

以單點攻擊全面謬誤（fallacy of incorrect attack of ageneralization）指的是基於單一一個可引用的例外，便認為可以攻擊一個歸納的論點。舉例而言，一間戲院的告示牌上說，18歲以下不可進入，這並不意味家長不應帶著七個月大嬰兒看電影。

> 例子：學生A：「吸菸減短壽命，這是眾所周知的事實。」
>
> 　　　　學生B：「哦，我的曾祖父每天抽一包菸，他現在已經90多歲了，你怎麼解釋？」

找到歸納的論點的例外，並不損及這個歸納的論點，歸納只是概括而論。

・扭曲謬誤

扭曲謬誤（fallacy of distortion）指扭曲對方的觀點或陳述，藉此駁倒它。

> 例子：支持者：「提升開發中國家教育水準的唯一方法是有教育素材，這指的是教科書。」
>
> 　　　　反對者：「你的意思是你一點也不在乎砍樹來供應更多的教科書用紙，天知道這要增加多少的用紙量。」

・不當類比謬誤

不當類比謬誤（fallacy of faulty analogy）指以為兩個事物在一或多個層面相似（或不相似），便推論認為它們在一或多個其他層面也相似（或不相似）。

例子：「說到人工魚餌，拉帕拉魚形餌對我來說可真是太好用了，這個夏天，我天天用它釣小嘴黑鱸。我已經等不及秋天用它來釣鱒魚了。」

・因果謬誤（過於簡化因果關係謬誤）

過於簡化因果關係謬誤（fallacy of causal oversimplification）指的是假設某個結果是一特定原因導致。

例子：「我聽說富人很努力，我要努力，以變得富有。」

無疑地，努力將有助於致富（至少會變有錢），但努力可能只是致富的多個因素之一。認為光是努力就足以致富（亦即假設努力是致富的充分條件），這是錯的。

・骨牌效應謬誤

骨牌效應謬誤（domino fallacy）指誤認為因為一事件導致另一事件發生，因此，它也會導致一連串未來事件的發生。這謬誤也被稱為「連鎖反應謬誤」（chain reaction fallacy）。

例子：「對無家可歸者供應免費食物，我認為沒問題，但是，免費食物後，接下來就是免費的衣服，不審慎的話，接下來就是免費住所了。過不了多久，我們就要給他們固定年薪了。」

・賭徒謬誤

賭徒謬誤（gambler's fallacy）指的是根據過往某事件的結果來推斷另一未來事件的可能性或機率，儘管，這兩事件是獨立事件，彼此

並不相干。

例子：家長正在和醫生交談，家長說：「因為我們已經有了三個男孩，第四胎是女孩的可能性很大。」

前面生的孩子的性別對未來生的孩子的性別絕對沒有影響（生物學而言，幾乎無影響），生男生女的機率依舊是一半一半。

・假精確謬誤

假精確謬誤（fallacy of false precision）指用一個沒有根據的精確數字來證明自己是對的。

例子：「莎士比亞那個年代的人，平均每四個人當中有一個人其實並不喜歡莎士比亞的劇作。」

如此精確的一個數字，不太可能取得，尤其是那個年代。

（4）推論邏輯謬誤

・肯定後件謬誤

肯定後件謬誤指的是以為在「若A，則B」成立的情境之下，「若B，則A」也成立。這個謬誤有時也被稱為「錯誤換位謬誤」（fallacy of false conversion）。

例子：「每當度假時，我感到放鬆。我感到放鬆，所以我現在一定是在度假。」

只要說出一個人不是在度假、但感到放鬆的時刻，就能看出這個說法的荒謬點：在家時，我感到放鬆；吃晚餐時，我感到放鬆；跟朋友在一起時，我感到放鬆。

・否定前件謬誤

「否定前件謬誤」指的是以為在「若A，則B」成立的情境之下，「若非A，則非B」也成立。

例子：「下雨時，地板是濕的。昨晚沒下雨，所以地板不會是濕的。」

就我們所知，灑水系統可能被打開了，導致地板變濕。

關於上述兩種謬誤，參見第5章中「若⋯⋯，則⋯⋯」型陳述（138～140頁）。

附錄三：避免不當推論

要提升批判性思考的能力，必須知道如何區別可推論的（inferable）和不可推論的（non-inferable）陳述。首先，我們來比較「**推論**」與「**假設**」這兩個詞的差別。一個「假設」是一個未言明的前提，是任何論證不可或缺的一個構成成分，必須有假設，才能構成一個論證。一個「推論」是一個邏輯結果——根據一個論證、陳述或一段文章有邏輯的引導得出結論。

我們在日常生活中作出「有可能的」推論，我們根據「很可能為真的」，作出推論。舉例而言，「最近經常下雨」這個陳述得出「雨傘銷量增加」的推論；「天氣愈來愈冷」這個陳述得出「冰淇淋銷量減少」的推論。但是，這些並非在邏輯上可推論的陳述，「在邏輯上可推論的」陳述遠比「很可能為真的」陳述更嚴謹、更明確。

看看下面這個論證：「買我們的產品吧，它是市面上最便宜的。」這個論證的結論是：「買我們的產品吧」，證據是：「它是市面上最便宜的」，其背後假設是：「價格是購買決策中的決定因素」。「市面上的其他產品較貴」這個陳述不是一個假設，而是一個推論——可以根據邏輯推論得出結論。

問題40 小義大利餐廳

> 安東尼奧是個有名的義式料理美食家，在德雲市經營小義大利餐廳。平均每四位美食評論家中有三位推薦小義大利餐廳，不僅如此，根據德雲市的餐飲公會所做的一項調查顯示，小義大利餐廳在德雲市「無人能出其右」，每三位顧客中就有兩位喜歡他的義式料理風格。

根據上述有關於小義大利餐廳的短文，下列陳述當中，何者為邏輯上可推論的結論？

1. 安東尼奧的小義大利餐廳被該市餐飲公會視為該市最佳義式餐廳。	□對	□錯
2. 安東尼奧喜歡烹飪義式料理。	□對	□錯
3. 美食評論家推薦安東尼奧的餐廳，高於該市其他義式餐廳。	□對	□錯
4. 比起其他相似的義式餐廳，安東尼奧的顧客更喜歡他的義式料理風格。	□對	□錯
5. 義大利麵是該餐廳最具人氣的餐點之一。	□對	□錯
6. 安東尼奧在其餐廳供應的餐點中使用優質食材。	□對	□錯
7. 小義大利餐廳很賺錢。	□對	□錯
8. 若安東尼奧搬到另一個城市，他也能開一家知名的義式餐廳。	□對	□錯
9. 小義大利餐廳的餐點價格比較貴。	□對	□錯
10. 安東尼奧花了很多時間取得他的義式料理美食家口碑。	□對	□錯

（解答請見237頁）

附錄四：類比

　　類比是最不受重視的創意思考及推理工具之一，類比有助於定義二或多個事物之間的關係。為了弄清楚箇中關係，我們先要了解可能存在什麼類型的關係。人際溝通的符號系統有四大類──文字、數字、圖像以及音樂，這四大類系統中都存在類比，但這個附錄只探討文字型類比。文字型類比有10大類，包括：同義詞、反義詞、部分相比於整體、部分相比於部分、因與果、程度、順序、功能或目的、特性及聯想。

1. 同義詞

定義：同義詞是含義相似的字或詞。

例子：HELP：ASSIST

　　「help」和「assist」的含義相似，都是幫助、協助的意思。

2. 反義詞

定義：反義詞是含義相反的字或詞。

例子：OPTIMISTIC（樂觀）：PESSIMISTIC（悲觀）

　　悲觀的意思是「預期最好的結果」；悲觀的意思是「預期最壞的結果」，兩者相反。

3. 部分相比於整體

定義：拿較小的東西來相比於更大的東西（或者是拿更大的東西相比於較小的東西）。

例子：樹枝：樹木

　　一根樹枝是一整棵樹的一個較小的部分。

4. 部分相比於部分

定義：拿某個整體的一部分來相比於另一個整體的一部分。

例子：腳：手

　　腳是腿的一部分，手是手臂的一部分。

5. 因與果

定義：導致某個情況的事物（此稱為「原因」）被拿來和這原因的結果（此稱為「結果」）相匹配。

例子：火：煙

　　火導致煙（火是原因，煙是結果）。

6. 程度

定義：指出兩件事物的強度是增加或是降低。

例子：快樂：狂喜

　　狂喜指的是極度的快樂。

7. 順序

定義：指出從一件事或狀態進展至另一件事或狀態。

例子：春天：夏天

　　夏天這個季節在春天之後（或者，春天這個季節在夏天之前）。

8. 功能或目的

定義：指出一個東西如何使用，如何運作，或它有何目的。

例子：剪刀：裁剪

　　剪刀被用來裁剪東西。

9. 特性

定義：用一個事物的主要特性之一來描述它（通常是一個形容詞）。

例子：僧侶：寬容的

僧侶可被描述為寬容的人。

10. 聯想

定義：根據聯想或共通的了解來描述兩個字詞之間的關連性。

例子：法國：艾菲爾鐵塔

從艾菲爾鐵塔聯想到法國。

問題41 類比練習

從A至D中選出完成能建立與題目的類比關係的最佳選項，並指出這是何種類型的類比。

10種類比類型：同義詞、反義詞、部分相比於整體、部分相比於部分、因與果、程度、順序、功能或目的、特性以及聯想。

1. 紅色：粉紅色；黑色：？

   A）米色

   B）白色

   C）灰色

   D）深色

2. 熱：散熱器；微風：？

   A）海

   B）風

   C）陰涼處

   D）電扇

3. 大：巨大；寬：？

    A）高

    B）寬闊

    C）長

    D）小

4. 狗：貓；鱷魚：？

    A）爬蟲類動物

    B）河馬

    C）蜥蜴

    D）大象

5. 花：花束；鏈環：？

    A）金

    B）鐵

    C）果園

    D）鏈

6. 明天：昨天；未來：？

    A）現在

    B）過去

    C）以前

    D）今天

7. 英雄：英勇；異教徒：？

    A）異議

    B）虛張聲勢

    C）崇敬

    D）審慎

8. 禮物：生日；獎勵：？

    A）成就

    B）懲罰

    C）獎牌

    D）金錢

9. 天空：地面；天花板：？

    A）地板

    B）屋頂

    C）上方

    D）灰泥

10. 錢：銀行；知識：？

    A）智慧

    B）閱讀

    C）畢業

    D）書籍

（解答請見239頁）

附錄五：10種典型的權衡

　　推理有時候可以從相反的兩極和權衡來看待。小時候我們學習藉由辨識反面特質與特徵來記住事物的簡單方法；成年後我們繼續以相互矛盾的方式來表達想法。來看看下述成對的名言：

> 「當斷不斷，反受其亂。
> 欲速則不達。」

> 「不入虎穴，焉得虎子。
> 寧求安穩，勝過後悔。」

> 「眼不見，心不念。
> 不相見，倍思念。」

> 「人多好辦事。
> 人多反誤事。」

　　推理及決策過程也免不了權衡取捨，熟悉這些權衡，可加快辨識核心議題。

　　這個附錄摘要10種典型的權衡：

1. 廣度vs.深度
2. 管控vs.看運氣
3. 個人vs.集體
4. 手段vs.目的
5. 量vs.質

6. 短期vs.長期

7. 特定vs.全面

8. 主觀vs.客觀

9. 理論vs.實務

10.傳統vs.變革

1. 廣度vs.深度

不論在學業、職場或私人生活中，每一個人都經歷過這種「深度」vs.「廣度」的權衡。我們應該選擇專精，或是廣博？在學校，我們應該深度專注於學業，或是應該也參與很多的學校活動？在商界，某間工廠可能選擇生產大量的一種產品，或是選擇較少量的幾種產品。在我們的個人投資策略方面，應該把所有錢集中投資於某一類別的投資（深度），或是把錢分散於二或多類別的投資（廣度）？

2. 管控vs.看運氣

我們愈嚴格管控一件事，它任憑機運發展的程度愈低；愈是看運氣行事，我們對事情的把握就愈小。「先天vs.後天」的爭論就是一個典型的「管控vs.看運氣」的例子，性格主要是受到遺傳的影響，或是養育及環境？在此例中，先天是性格發展中的「看運氣」的部分，後天則是「管控」的部分。雖然，對於「先天vs.後天」的爭論，許多人相信中庸之道，核心議題仍然是從兩極或相互對立的角度來看待。

3. 個人vs.集體

個人與集體，何者更重要？在維護個人的權利或自由的同時，我們是否不會犧牲集體的權利或自由呢？反過來呢？這個明顯的權衡幾乎是每個已開發國家憲法的焦點。

4. 手段vs.目的

手段是途徑或方法，目的是結果。通常，兩個人可能對手段有不同意見，但兩人的目的相同。一個現實生活中簡單的例子是，兩個人爭論走哪條路（手段）前往一個市中心地點（目的）。有時候，我們在手段方面意見一致，但對於目的有異議，例如：我們決定把獎金用於度假（手段），但對於去哪裡度假（目的地）有不同的意見。

5. 量vs.質

日常生活中經常出現量vs.質的權衡，我們很難又求多、又求好。舉例而言，在價格與量的權衡方面，較低的價格通常意味更多的數量和較低的品質；較高的價格通常意味較高的品質，但較少的數量。

6. 短期vs.長期

有時候，兩個對立的觀點之間唯一的差別是時間範圍之別。舉例而言，兩個人可能都相信探索太空的潛在益處，但針對它是否為短期內值得追求的一個優先要務，兩人看法不同。

7. 特定vs.全面

「特定」就像見樹，「全面」就像見林。一個新創公司可能在作為一個利基型事業（銷售特定產品或服務）上會更成功，但伴隨成長，它將變成一個通才（銷售多項產品或服務）。你認識的人當中，可能有一些人善於處理細節，但不善於掌握大局；其他人則是善於掌握大局，不善於處理細節。虛構人物詹姆斯·龐德（James Bond）其實是個罕見的怪人，他既細心（能夠見樹），也是個通才（能夠見林）。

「廣度vs.深度」的權衡跟「特定vs.全面」的權衡有何不同？「特

定vs.全面」是關於範圍，特定指的是有一個窄範圍，全面指的是有一個寬範圍。「廣度vs.深度」是關於選擇的多樣性，廣度指的是有大量選擇，深度指的是選擇較少且更專精。

以拍照為例，我們決定拍攝一座大型夏日花園的照片，作為一個通才（全面），我們拍攝的是整座花園的照片。若能從愈多不同角度拍攝整座花園的照片，相片集的廣度愈高。若是從一個相似的角度拍攝更多整座花園的照片，相片集的深度愈高。

作為一個專才（特定），我們拍攝的是特寫照。若拍攝許多不同種類花朵的特寫照（以及／或是從許多不同角度拍攝），相片集的廣度就提高。若是拍攝幾種花朵的特寫照（以及／或是從一個特定角度拍攝），相片集的深度愈高。

8. 主觀vs.客觀

主觀指根據個人的經驗、感覺或看法；客觀指不是根據個人的經驗、感覺或看法，而是不偏不倚，根據事實。「主觀vs.客觀」權衡有許多面向，包括「藝術vs.科學」、「情感vs.理智／邏輯」、「熱情vs.理智」。一般而言，不可能同時維持主觀及客觀。

9. 理論vs.實務

思考「理論vs.實務」權衡的最容易方法或許是從「學校教育vs.工作體驗」來看。學校教育等同於理論，工作體驗等同於實務。一般認為，一個情況講求理論，則會較忽視實務；相反地，若是要求更具實務性，則會較忽視理論。

10. 傳統vs.變革

過去擁抱傳統，未來擁抱變革。在日常生活中，我們可能主張回歸傳統，例如：家庭價值觀或工作倫理。在其他情況下，有人推動變

革，選擇一套不同的價值觀或工作倫理。文化與傳統總是和變革與現代化相互抵觸。在美國，擁有及（或）攜帶手槍及自動武器的權利受到很多人的支持，因為美國憲法（傳統）賦予人民持有武器的權利；也有些人則是反對槍枝氾濫，以及個人能夠輕易取得手槍及自動武器，主張應該修憲（變革）。

問題42 匹配練習

下述編號1至10的各種情境顯示的是哪一類別的權衡？在下列A至J的權衡類型前面的方塊中填入匹配的情境編號。

☐　A. 廣度vs.深度

☐　B. 管控vs.看運氣

☐　C. 個人vs.集體

☐　D. 手段vs.目的

☐　E. 量vs.質

☐　F. 短期vs.長期

☐　G. 特定vs.全面

☐　H. 主觀vs.客觀

☐　 I. 理論vs.實務

☐　J. 傳統vs.變革

1. 石化燃料

> 布蘭達：「就長期而言，包括石油、煤，甚至天然氣在內的石化燃料將耗盡，太陽能將是主要實際可行的替代能源。因此，我們應該在剩下的時間中發展這選項。」
>
> 鮑伯：「我不贊同。改用太陽能系統產生的能源是愚蠢之舉，尤其在石油、煤以及天然氣的供應量現在還很夠用，不必要這麼做。」

2. 神奇藥丸

一種神奇藥丸內含的止痛劑量是普通阿斯匹靈的兩倍，消費者必須服用兩顆阿斯匹靈，才有和神奇藥丸一樣的止痛效果。由於一瓶神奇藥丸的價格相同於一瓶普通阿斯匹靈，預期消費者將改買神奇藥丸。

3. 盜版

禁止未授權的盜版CD及線上下載的國際反盜版法，必須更有效地執法。有效執法將使每年因為非法拷貝與下載而損失數千萬美元的音樂公司的營收提高。這營收的提高將促使音樂公司錄製更多種好作品，光是這個結果，就使得嚴格執法能夠造福那些過去為了省錢，而購買便宜的非法拷貝CD及下載的樂迷。

4. 技術專才

詹森博士的研究質疑一個傳統智慧之見──提供非專業者特殊專業技能（例如：電腦程式設計或會計）訓練，將提高他們的升遷潛力。他說，取得職業文憑的院校畢業生中，只有很小比例的人坐上高層管理職。根據他的研究，「財星五百大企業」的總裁、執行長能坐上高位，是因為他們接受較廣的博雅教育（通識教育），使他們在分析上具有更嚴謹的思維模式。

5. 勞工

現今工會的問題在於，它們的高層人員是大學培育出來的律師、經濟學家與勞資關係專家，他們無法了解真實勞工關心之事。工會改革運動的目標，應該是找那些從產業基層做起的勞工代表，請他們來擔任工會的高層。

6. 銷售業績

在最近召開的事業會議中，管理階層不記名投票認為，推動公司前進的最佳策略是提高銷售業績。但是，達成此目標的最佳方法是什麼，引發辯論。一些重要幕僚指出，為提高銷售業績，關鍵在於招募更多銷售員。但是，其他人認為，進行市場研究，可以更加了解消費者的需求，這才是重點。

7. 安全避風港

居住於市中心的富有家長們，愈來愈憂心社區暴力情事，如開車沿路掃射，並且考慮為了安全，打算遷居市郊。但是，統計數據顯示，郊區的青少年死亡率並不比市區低，因為居住於郊區的青少年有較高的自殺發生率，以及死於車禍。

8. 言論自由

我們的政府保證我們有言論自由權，但這只是一個假象。在擁擠的戲院裡惡作劇高喊：「失火了！」，或是在機場開玩笑謊稱有炸彈，或是在公共場所口出穢言大聲嚷嚷，這些其實都會遭到逮捕，這顯然違背政府的言論自由承諾。

9. 歷史學家

現在的歷史學家在試圖模仿自然科學家的研究方法，採用出自實驗室的報告，包含大量電腦資料及統計圖表。但是，最優秀的歷史著作是基於歷史證據，輔以想像力及理解力，這需要熱情，而未必符合要求研究者超然、不帶感情的科學方法。

10. 發現

1970年代初期，美洲原住民契波瓦族（Chippewa）的酋長亞當・諾威爾（Adam Nordwell）從加州搭機來到義大利。穿著全套部落禮服的他，在步下飛機的階梯上停下腳步，說：「我宣佈今天為發現義大利之日。」諾威爾幽默地開玩笑說，他宣佈美洲印第安人占領義大利！畢竟，原住民在美洲生活了多世紀，哥倫布有何權利主張義大利占領美洲，或主張他發現了美洲呢？

（解答請見241頁）

附錄六：批判性閱讀與理解

　　辨察書面語言中細微差別的閱讀能力，是推理能力的一大技巧。請仔細閱讀以下短文，回答其後的五個問題。這短文的作者是前《大英百科全書》編輯委員會主席暨「偉大思想研究中心」（Center for the Study of The Great Ideas）共同創辦人莫提默·艾德勒（Mortimer J. Adler）。

問題43 範例

1　超過40年間，我的教育理念中的一個決定性觀念使我認知到，學校或大學院校不曾使任何人變得有學養，也無法使任何人變得有學養。縱使學校及大學院校盡它們的最大所能（它們當然沒做到），縱使是最優秀、最聰穎、且認真

5　努力於運用自身能力的學生，前述洞察也成立。理由是，年輕本身──亦即不成熟──是使一個人變得有學養的（educated）一個無法超越的障礙。上學（schooling）是為年輕人提供的，教育（education）是後來的事，通常是更長遠且後面的事。學校該做的最佳事情是培養年輕人學

10　習的技巧，讓他們愛上學習，藉此為日後人生中的持續學習做好準備。

　　說一個年輕人有學養或有智慧，非常了解基本概念及議題，其矛盾猶如說一個正方形是圓形的。我們能幫助年輕人為日後的教育做準備，但只有成熟的男女能變得有學

15　養，這過程始於他們4、50歲之時，在邁入60歲時，獲得少量真正的洞察、明智的判斷力，以及實用的智慧。

　　那些認真看待這觀點的人，若他們上學時學會了知識學科

及運用它們所需具備的技巧，也把他們引進學習的世界，並對其基本概念與課題有一些理解，他們當然會有所蒙

20 益。但是，縱使是那些夠幸運而能夠在離開學校或大學院校時，已有高度訓練有素的智能、且持續熱愛學習的個人，離成為一個有學養的人仍然還有很長的一段路要走。若我們的學校及大學院校做好它們的本分，成年人也做好他們的本分，一切就會順利。但是，我們的學校及大學院

25 校並未做好它們的本分，因為它們搞錯重點。成年人也沒做好他們的本分，因為多數成年人誤以為他們在完成學業時，就已經完成了他們的教育。

　　只有認知到成年後的人生是取得教育的時期、沒有任何年輕人能在未成年時期具備學養的那些人，才能踏上學習之

30 路。這段路陡峭顛簸，但它是公路，開放給任何有學習技巧的人，所有學習的最終目的是看得見的——了解大自然及人類在全宇宙的定位。一個有學養的人是經由其人生的艱辛努力，吸取了自身文化的思想，使他能傳承自身文化，為文化的改進作出貢獻。

問題：根據上述短文，選出下列問題的最佳答案。

1. 作者撰寫此文的主要目的是？

A）凸顯過去40年間的教育理念的主要信條。

B）促使公眾意識到需要具有博雅教育素養的教師。

C）比較「上學」（schooling）與「教育」（education）這兩個詞彙的差別。

D）建議年輕人為未來的教育做好準備。

（接下頁）

（接上頁）

E）強調閱讀佐以活躍討論的重要性。

2. **根據這短文，學校能做的最佳事情是？**

A）改善最基礎層級的教學水準。

B）倡導以「教育」這詞彙取代「上學」這詞彙，才能更好地向成年人傳達教學的目的。

C）向學生傳達，唯有透過優秀的學業成就，才能成為一個真正有學養的人。

D）認真聽取那些已經完成教育過程的成年人的意見。

E）幫助學生取得學習技巧。

3. **從這短文可以推論，有學養的人必須？**

A）具有高於熱情的成熟度。

B）不小於40歲。

C）至少是大學畢業生。

D）閱讀過經典作品。

E）遊歷廣泛，以了解他自己的文化。

4. **下列詞語當中，何者最能描述作者對於文中提及的「成年人」的看法？**

A）無知的關係人。

B）不幸的受害人。

C）認真努力的人民。

D）重要可貴的夥伴。

E）狂妄的罪魁禍首。

5.這篇短文是如何組織的？

A）提出以實例佐證的一篇客觀分析。

B）提出作者不贊同的一個思想。

C）提出一個論點以及支撐它的論述。

D）比較兩個觀念，並提出一個調和的觀點。

E）從幾個角度來評論一個流行觀點。

（解答請見244頁）

附錄七：閱讀測驗技巧

　　伍迪・艾倫（Woody Allen）曾開玩笑：「我修了一門速讀課，用20分鐘閱讀《戰爭與和平》，這本書跟俄國有關。」噢，細節就是這樣了！這篇附錄特別適用於準備接受包含「閱讀理解」這部分的筆試測驗者。近乎所有標準化測驗都有「閱讀理解」這個部分，包括美國大學測驗（ACT）、學術能力測驗（SAT）、研究生入學考試（GRE）、管理學研究生入學測驗（GMAT）、法學院入學測驗（LAST）、醫學院入學測驗（MCAT），甚至一些入職考試也有這部分。通常，閱讀理解測驗有三或四篇短文，每篇短文長度為兩到四段內容，然後詢問三至六個選擇題，應試者根據每篇文章陳述的內容或隱含的意思，選出最佳答案。

策略與方法

1. 為內容而閱讀，注意辨識主題、範疇以及目的。

　　在閱讀理解測驗中，最重要的是了解每篇文章的目的。閱讀時在內心一直自問：「這篇文章的目的是什麼？……作者思路的方向？」；換言之，自問：「作者為何寫這文章？」

2. 先閱讀第一句，接著，跳過中間，閱讀最後一句。

　　一個好訣竅是先閱讀文章的第一句，接著，閱讀文章的最後一句，再回到文章開頭，從頭開始閱讀。為何這麼做？因為文章的作者可能在最後下結論，盡快閱讀，你就知道作者的思路方向，你將更能記住有關的細節。

3. 為結構而閱讀，注意重要的「指示詞」，以及觀點數目和這些觀點之間的關係。

　　持續注意「然而」、「但是」、「此外」、「因此」之類的「指示詞」，這類指示詞很重要，可能大大影響文章的走向。其次，從段落及觀點的數目來思考，通常，一段代表一個觀點，閱讀理解測驗的文章常含有兩個觀點，一個可能有幫助的方法是試著把所有內容簡單歸納成明確的描述。以有關於性格發展的假設性文章為例，思考這篇文章的三段之間有何關係，也許，第一段是引言，第二段是社會學家對於性格發展的觀點，第三段是生物學家對於性格發展的觀點……，這下，你就抓到它的結構了！

4. 刪除常見的錯誤答案選項，包括超出範疇、扭曲含義和反對意見。

　　在閱讀理解測驗中，有三種常見的錯誤答案選項：超出範疇、扭曲含義和反對意見。雖然，也可能出現「不相關」的答案選項（在批判性推理型題目中，常出現這樣的答案選項），但在閱讀理解測驗中，它們不是常見的答案選項。

知覺與思維模式 1

創意思考 2

作決策 3

分析論證 4

運用邏輯 5

附錄

閱讀理解測驗摘要

　　測驗形式的閱讀理解明顯不同於閱讀報紙之類的隨興閒散型閱讀，應付閱讀理解測驗的閱讀與答題策略基本上涵蓋五個部分。在閱讀理解方面，包括了解**文章類型**、**文章內容**以及**文章結構**這三個部分，在答題方面，包括**文章題目類型**以及**常見的錯誤答案選項**這兩個部分。

閱讀理解	1. 文章類型	• 社會科學 • 科學
	2. 文章內容	• 主題 • 範疇 • 目的（主旨、要義）
	3. 文章結構	• 過渡字或指示詞 • 段落數目及它們的功用 • 觀點數目及觀點之間的關係
答題策略	4. 文章題目類型	• 概述型題目（overview questions） • 明顯細節型題目（explicit-detail questions） • 推論型題目（inference questions） • 態度型題目（tone questions） • 文章組織型題目（passage organization questions）
	5. 常見的錯誤答案選項種類	• 超出範疇 • 反對意見 • 扭曲含義 • 不相關 • 太籠統 • 太細節

1. 文章類型

　　閱讀理解測驗的文章可區分為三個基本類型——社會科學、科學以及商業／經濟，由於商業／經濟類文章讀起來類似於社會科學，因此歸屬於社會科學類別。社會科學類文章和科學類文章的根本差別是，科學類文章往往是客觀的，通常，撰寫此文是為了**敘述**；社會科學類文章往往是主觀的，通常，撰寫此文是為了**議論**。社會科學（處理人、社會以及社會的機制）是思想、看法與推測的領域，科學（處理自然界及宇宙）是現象、理論與細節的領域。

觀點（思想）及思路方向（順序），通常在社會科學類文章中的重要性甚於在科學類文章中的重要性。閱讀理解一篇社會科學類文章時，必須了解作者的立場——作者站在哪一邊。一個適當的類比是：社會科學類文章是「泛舟」，目標是別在曲折轉彎中掉出舟外；科學類文章是「考古挖掘」，一旦決定挖掘何處後，必須留意小物件——必須能夠記住及處理細節。

2. 文章內容

閱讀文章時，了解得愈深入，正確回答題目的可能性愈高。在解析文章內容時，我們可以把所有內容區分為三個部分：主題、範疇以及目的。

主題是文章的話題；範疇是作者感興趣的主題的特定層面；目的是作者撰寫此文的主要理由，或者說，作者為何撰寫此文。簡言之，**主題**及**範疇**是一篇文章的「什麼（what）」部分，**目的**是撰寫此文的「為何（why）」部分。

一個實用的訣竅是運用「主題—範疇—目的」步驟，亦即辨識一篇文章的主題、範疇以及目的。試試下面這篇文章。

鯨是動物界中最大的哺乳動物，多數人想到鯨時，總是想到遲鈍肥胖的動物，白天在海裡優游嬉戲，吃大量食物維生。另一方面，人們想到螞蟻時，總是想到辛勤努力、吃不飽的生物，來回蟻穴，扛運比牠們的體積大一倍的東西。但是，若我們根據體積來分析攝食量，我們會發現，螞蟻每天的攝食量等於牠們的整個體重，而鯨的每日攝食量只有牠的體重的千分之一。事實上，當我們比較所有生物的攝食量時，我們發現，鯨是地球上食物利用效率最高的生物之一。

這篇文章的主題是什麼？答案顯然是：「鯨」。別誤以為此文的主題是「動物界」，這是太籠統的答案選項的一個例子。此文的範疇

是什麼？答案是：「鯨的攝食量」。此文的目的是什麼，或作者為何撰寫此文？作者的目的是指出鯨是食物利用效率高的生物，藉此反擊普遍抱持的錯誤觀念，認為鯨是「生物界的吃油車」。

3. 文章結構

基本上，分析文章結構的方法有兩種：微觀分析和宏觀分析。微觀分析指的是注意過渡詞，它們顯示文章方向的轉變。諸如「**但是**」、「**然而**」之類的指示詞被稱為語言中的交通號誌，這類字詞用於以下四個目的之一：顯示繼續，或說明，或對比，或結論。參見右頁＜附圖A＞。

宏觀分析指的是不僅注意段落數目及它們的功用，更重要的是，注意觀點數目，以及觀點之間的關係。觀點之間的關係是有限的，參見194～195頁＜附圖B＞的摘要。

在段落數目及它們的功用方面，開頭的段落通常是引言，每一個後續段落是一個觀點或概念。閱讀測驗文章最常見的是內含一或兩個觀點，但也可能有三個觀點。如前所述，這種觀點解析法更適用於社會科學類文章，因為社會科學類文章通常是主觀、辯論性質。

▣ 附圖A 指示詞類型

1. 繼續型指示詞
綠燈
「繼續朝相同方向前進」

例子	・此外	・再者
	・一方面	・無疑地
	・巧合的是	

2. 說明型指示詞
閃綠燈
「減速並注意」

例子	・第一，第二，第三	
	・舉例	・另一而言
	・例如	・事實上
	・比方說	

3. 對比型指示詞
閃黃燈
「準備轉彎」

例子	・不過	・但是
	・可是	・另一方面
	・然而	・相反地

4. 結論型指示詞
紅燈
「你即將抵達終點」

例子	・總結而言	・最後
	・顯然	・因此
	・所以	・是以
	・結果是	

一個觀點

提出單一一個作者贊同的觀點。	提出單一一個作者不贊同的觀點。
結構：〔＝A〕	結構：〔≠A〕
例子 「在性格發展中，遺傳是最重要的因素。 我們來探討這個主題吧。」	**例子** 「綠色並不是最百搭的顏色，這有幾個理由。」

兩個觀點

| **並列觀點：**
提出兩個觀點，但不做比較，或兩個觀點不相互抵觸。

結構：〔A，B〕

例子
「黃金是一種貴金屬，鑽石是珍貴寶石。」 | **互補觀點：**
一個觀點建立於另一個觀點之上。

結構：〔A → B〕

例子
「汽車的發明為飛機的發明鋪路。」 | **互相衝突觀點：**
一個觀點被視為較優，另一個觀點被視為較差。

結構：
〔A＞B或B＞A〕

例子
「在性格發展中，後天環境是比遺傳更為重要的因素。」 |

並列觀點：	互補觀點：	互相衝突觀點：
提出三個觀點，但不做比較，或三個觀點不相互抵觸。	結合前面兩個觀點，導出第三個較優的觀點。	三個觀點當中的一個被視為較優，其他兩個觀點被視為較差。
結構：〔A、B、C〕	結構：〔A＋B→C〕	結構：〔C＞A或B〕
例子 「水果、蔬菜和蛋白質是健康飲食的一部分。」	**例子** 「汽車與飛機的發明引導出太空船的發明。」	**例子** 「C療法的效果比A及B療法的效果好。」

4. 文章題目類型

　　閱讀理解測驗的題目有五種基本類型：（1）概述型題目；（2）明顯細節型題目；（3）推論型題目；（4）態度型題目；（5）文章組織型題目。下文為每種類型舉例。

（1）概述型題目

　　「本文的主要目的是……」，或「下列何者是作者的主要思想？」。概述型題目有時也稱為「主要目的」或「中心思想」型題目。

（2）明顯細節型題目

　　「根據此文，作者說……」。明顯細節型題目有很字面的答案，它是你剛才已經閱讀到的東西，根據文章中明述的字句，就能找出答案。

（3）推論型題目

「從文章可以推論，……」或「作者隱含的意思是……」。回答推論型題目的技巧是，區分可以根據文中資訊合理推論的陳述，以及超出文章範疇的陳述。

（4）態度型題目

「下列陳述中，何者最能描述作者對於神祕主義者的看法？」。這類題目是請答題者評論此文章的某個層面的「態度」。

（5）文章組織型題目

「下列陳述中，何者最能描述這篇文章的組織方式？」文章組織型題目問的是文章的結構或文章的布局。

5. 常見的錯誤答案選項種類

右頁<附圖C>的四象限網格圖是幫助在閱讀理解測驗中，找出錯誤答案選項的一種實用工具，中央靶心處是正確答案，四個角是四種錯誤答案選項。

■ 附圖C 閱讀理解測驗的四角錯誤答案選項破解法™

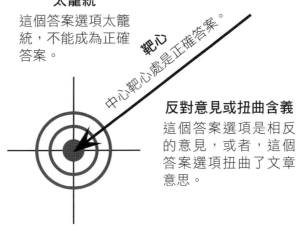

太籠統
這個答案選項太籠統，不能成為正確答案。

靶心
中心靶心處是正確答案。

超出範疇
這個答案選項超出此短文的範疇（我們根本不知道答案），或者，這個答案選項不相關。

反對意見或扭曲含義
這個答案選項是相反的意見，或者，這個答案選項扭曲了文章意思。

太細節
這個答案選項太細節，也不能成為正確答案。

· **超出範疇**

　　超出範疇的答案選項指無法根據文章裡的資訊作出回答的一個答案選項。一個超出範疇的陳述，實際上可能正確也可能錯誤，但無法根據文章提供的資訊作出判斷。

· **不相關**

　　不相關的答案選項指這個答案選項未觸及文章主題，完全未瞄準靶心。超出範疇的答案選項跟原文略有相關，但不相關的答案選項則毫無干係。我們可以這麼想：一個弓箭手持著一把弓和一支箭，超出範疇指的是沒有命中靶子，但起碼射向正確方向和正確的靶子；不相關則是指這弓箭手甚至沒射向正確的靶子。

・反對意見

反對意見的答案選項指的是一個答案選項的含義，相反於文章中表達或隱含的一句陳述或一個觀點的含義。答案選項反轉原文含義的一種常見方式是，包含或去掉一個字的前綴如：「非」、「沒有」、「否」，或是包含或去掉否定字如：「不」、「不是」，例如：「不幸地」變成「所幸」，「有利的」變成「不利的」，「不適用」變成「適用」。

・扭曲含義

扭曲含義的答案選項指的是，一個答案選項扭曲了文章陳述或隱含的某個東西的意思。例如：某個東西「好」，不等同於「最好」。通常，扭曲含義的方式是使用極端字或使用絕對字，例如：「任何」、「所有」、「總是」、「不能」、「從不」、「只有」、「唯一」以及「完全」。

・太籠統

這種答案選項只跟概述型題目有關。例如：討論「南美洲在1980年代貿易失衡」的文章不等同於討論「現代全球經濟實務」的文章，後者的範疇顯然更廣：「全球」的範疇大於「南美洲」；「現代」的範疇大於「1980年代」；「經濟」的範疇大於「貿易失衡」。

・太細節

這種答案選項也只跟概述型題目有關。例如：相比於討論「植物繁育系統」的文章，討論「捕蠅草的繁殖」的文章是個更為特定的主題。概述型題目的正確答案應該是，相對於主題而言，既不太過籠統、也不太過細節。

▋創造不正確答案選項的範例

我們來看看閱讀理解測驗（以及批判性推理測驗）的出題人可能如何設計不正確的答案選項。以下面這個易於理解的陳述為例：

原陳述： 「成功是一種奇怪的現象，你可以靠著努力、技巧、運氣，或是這三者的某種結合而獲致成功。」

以下是從原陳述衍生編造出來的陳述，全都是不正確的答案選項。

超出範疇： 「成功的**最**重要要素是努力。」

（評論：不，我們並不知道努力是否為獲致成功的最重要要素。）

「為獲致成功，努力是比技巧更為重要的要素。」

（評論：這是無根據的比較〔unwarranted comparison〕，我們不知道相對而言，哪一個要素更重要。）

不相關： 「靠著努力、技巧或運氣而獲致成功的人，有時會覺得他們的人生沒有意義。」

（評論：我們只談如何獲致成功，沒談這以外可能發生的事。）

反對意見： 「那些努力、有技巧或幸運的人，**不**可能獲致成功。」

（評論：這句陳述中的「不」字反轉了原陳述的含義。）

扭曲含義： 「**只有**靠著努力，才能獲致成功。」

（評論：不，我們也可能靠著技巧或勇氣而獲致成功。

「努力的人不冒**任何**失敗的風險。」

（評論：這句陳述中的「任何」一詞扭曲了原陳述的含義。有任何事完全沒有失敗的可能性呢？這句陳述也可

被視為超出範疇，因為原陳述完全未提及「失敗」一詞。）

「努力、有技巧或幸運的人，能夠成就**偉大**。」

（評論：相較於「成功」，「偉大」一詞有更崇高的含義。這句陳述也可被視為超出範疇，因為原陳述並未提及達到偉大境界需要什麼要素。）

題目類型與常見的錯誤答案選項種類之間的關係

在閱讀理解測驗中，針對不同類型的題目，如何避開常見的錯誤答案選項？

1. 概述型題目

處理概述型題目時，至少有四種方法可幫助避開錯誤選項。

① 刪除不含有主題字詞的答案選項。例如：附錄六中【問題43：範例】（185頁）的第一道題目，這個方法就很適用。

② 避開**太細節**的答案選項，這種答案可能是事實上正確的陳述，但太細節，因此不能成為一個概述型題目的正確答案。

③ 避開**太籠統**的答案選項，因為太廣泛而無法代表手邊這篇文章的主題。

④ 可能的話，使用動詞掃描。亦即，檢視以動詞開頭的每一個答案選項，刪除以不適當的動詞為開頭的答案選項。閱讀理解測驗文章中，五個常見的動詞是：**敘述（describe）**、**討論（discuss）**、**解釋（explain）**、**主張／認為（argue）以及批評（criticize）**。「主張／認為」常見於社會科學類文章，「敘述」常見於科學類文章，「討論」與「解釋」常見於社會科學類及科學類文章。在科學類文章的

概述型題目中，「批評」通常是錯誤的答案選項，因為科學類文章的作者通常是不堅持己見或不帶判斷地敘述一件事。

2. 明顯細節型題目及3. 推論型題目

在明顯細節型題目和推論型題目中，常見的錯誤答案選項往往涉及**反對意見**和**超出範疇**。

推論型題目尤其容易出現超出文章範疇的錯誤答案選項。面對標準測驗題目時，應試者必須慎防作出過多推想，因為標準化測驗限縮了我們可以根據文章內容推論的範疇。這不同於日常生活中的情形，在日常生活中，我們通常使用一個寬鬆的框架，並且推想很多的可能性。

4. 態度型題目

態度代表看法，態度型題目基本上有三種「態度」——正面、負面或中性。一種訣竅是避開內含看起來令人感到困惑的搭配用詞，例如「supercilious disdain（傲慢的輕蔑）」、「self-mingled pity（自我混雜的憐憫）」，這些搭配詞並不是很清晰明瞭。測驗的出題人喜歡包含這類答案選項，他們認為應試者很容易受困惑、聽起來複雜的錯誤答案選項干擾。

5. 文章組織型題目

閱讀理解測驗文章有兩種典型的結構，第一種跟社會科學類文章有關，常見的結構是「A＞B」（亦即A觀點優於B觀點）。由於社會科學類文章的特徵是挑撥煽動、主觀、辯論性質，因此，這類文章往往內含互相衝突的觀點，並且傾向支持其中一個觀點。另一種典型結構跟科學類文章有關，通常的結構是「A，B」。這種結構與前述第一種結構的重要差別是，這種結構只是詳述兩件事，沒有

作出比較。因為科學類文章傳統上是為了敘述，不是為了批評，作者不太可能展現偏袒一邊。

不論文章結構如何，讀者應該經常小心區別作者的觀點，以及文章中的資訊與證據的觀點。例如：作者可能在文章中提出明顯偏向一個議題中的某一邊的資訊，尤其是當那一邊獲得更多支持或立場具有說服力時，但是，作者本身未必支持這個觀點。切記，「文章所說的」未必是「作者所想的」。舉例而言，作者可能在文章中提出證據說明，為何科學界普遍懷疑超自然的信仰，但這未必意味作者本身也懷疑超自然的信仰。

附註 在此必須註明使用197頁＜附圖C＞「閱讀理解測驗的四角錯誤答案選項破解法™」時的兩個警告。第一個警告是，它只能用於五種題目類型中的三種，分別是**概述型題目、明顯細節型題目及推論型題目**。話雖如此，這不會構成問題，因為這三種題目類型是閱讀理解測驗中最常見的題目類型，事實上，我們或可稱它們為閱讀理解測驗的「前三大」題目類型。

第二個警告是，圖表中縱向網格代表的兩種答案選項——**太籠統**的答案選項和**太細節**的答案選項——只能被用於處理**概述型題目**，亦即，這縱向網格不能被用於**明顯細節型題目**或**推論型題目**。簡言之，明顯細節型題目和推論型題目中的錯誤答案選項種類只有**超出範疇、反對意見**或**扭曲含義**這三種。

問題練習的答案及解釋

一些問題有確定的答案，其他問題沒有唯一「正確」的答案，在此僅提供一或幾種建議答案。

第2章　創意思考

✓問題01 筆劃

答案：想一想，我們太容易被程序化思維模式限制，結論說：「這個問題沒有解答！」

第一種解答：$\text{SIX} = 6$

第二種解答：$\text{IX} \neq 6$

第三種解答：$\text{IX} \neq 9$（不過，題目並未說你可以改變一個字符的位置。）

✓問題02 拖地

答案：地板之所以髒，是因為莎莉用了髒拖把拖地，在她拖地前，地板是乾淨的！

✓問題03 模式

答案：這個問題有兩個可能的解答。若模式是一上三下，或母音字置於線上方，子音字置於線下方，第一個解答正確。

$$\frac{\text{A} \qquad \text{E} \qquad \text{I}}{\text{BCD} \qquad \text{FGH}}$$

若模式是那些只由直線構成的字置於線上方，由曲線構成的字置於線下方，第二個解答正確。

$$\frac{A \qquad EF \qquad HI}{BCD \qquad G}$$

✅問題04 九個點

答案：這個問題是自我對創造力設限的例子。如下面的第一個解答所示，直線可以畫到這九個點構成的周邊之外，我們通常未看出這點，因為我們習慣把直線保持在框圍區域內。另一種可能性如下面的第二個解答所示，就是在劃線時碰到各點的邊緣，題目中沒說劃的直線必須通過各點的中心。

第二種解答：

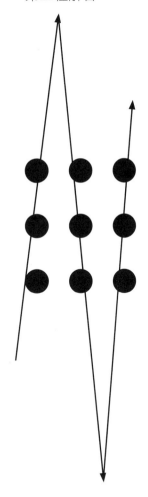

第一種解答：

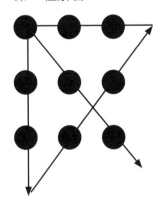

✔問題05 兩個水桶

答案：

1. 把五加侖桶子裝滿水。

2. 把五加侖桶子裡的水
　倒進三加侖桶子裡。

3. 把三加侖桶子裡
　的水倒掉。

4. 把五加侖桶子裡剩
　下的兩加侖水倒進
　三加侖桶子裡。

5. 再次把五加侖桶子裝滿水。
　（五加侖＋兩加侖＝七加侖。）

這裡提供第二種解答：把兩個桶子清空。把三加侖桶子裝滿水，倒
進五加侖桶子裡。再次把三加侖桶子裝滿水，倒進五加侖桶子裡，
直到五加侖桶子裝滿，此時，三加侖桶子裡還剩下一加侖的水。把

五加侖桶子裡的水倒掉，再把三加侖桶子裡剩下的那一加侖水倒進五加侖桶子裡，然後，再次把三加侖桶子裝滿水，倒進五加侖桶子裡，這樣，五加侖桶子裡就有四加侖的水了。再次把三加侖桶子裝滿水。這樣，小丑就有七加侖的水了（四加侖＋三加侖＝七加侖。）

第3章 作決策

✅ 問題06 公司培訓

答案：嗯，我們太容易被程序性思維模式限制，結論說：「這個問題沒有解答！」

	正	反
	是的，我贊同我們應該提供內訓。	不，我不認為我們應該提供內訓。
量化支持觀點	• **增加收入**：培育有技能而生產力更高的員工。 • **減少成本**：降低自外招募新員的成本。 • **增加收入**：內訓能夠針對公司需求而量身打造，獲得立即效益。	• **減少成本**：避開訓練成本可以省錢。 • **增加收入**：公司或許可以從現有的人才池或另一家公司招募訓練有素的員工。 • **減少成本**：高員工離職率將使得內訓的投資（效益）損失。
質化支持觀點	• 提高員工士氣。 • 建立員工對公司的忠誠度。 • 提升公司現象；因為有信心於實施內部訓練方案，公司將被視為領頭羊。	• 節省時間。 • 員工可能偏好現金獎勵，勝過訓練課程。 • 避免公司開了這種內訓的先例，迫使公司未來得繼續推出或擴大內訓。

問題07　單身

答案：66％，或 $\frac{2}{3}$，女性學生當中有三分之二為單身（亦即 $\frac{20}{30} = \frac{2}{3}$）。為解答這問題，一個很簡單的方法是，單純起見，假設這課程總共有100名學生，把已知的資訊填入方格中，把百分比轉化為數字。例如：若70％的學生為男性，那麼，女性學生必定為30％；若我們假設總共有100名學生，那就是70人為男性，30人為女性。用這方法時，可以把下面矩陣中的百分比視為沒有％符號的數字。

首先，把問題中給予的資訊填入矩陣：

	男性	女性	
已婚	20%		30%
單身		?	
	70%	?	

先算出各列各行的總值，再計算出其他方格的數值，完成矩陣：

	男性	女性	
已婚	20%	10%	30%
單身	50%	20%	70%
	70%	30%	100%

問題08　電池

答案：該工廠賣出的電池中有4％是有瑕疵的。把已知的資訊填入矩陣，計算後可得出答案為 $\frac{3}{75}$，或 $\frac{1}{25}$，或4％。假設電池總產出量為100，可以大大簡化這計算。

首先，把問題中提供的資訊填入矩陣：

	瑕疵	無瑕疵	
拒收		$\frac{1}{10}$（80）＝8	$\frac{1}{4}$（100）＝25
未被拒收	？		？
	$\frac{1}{5}$（100）＝20	80	100

先算出各列各行的總值，再計算出其他方格的數值，完成矩陣：

	瑕疵	無瑕疵	
拒收	17	8	25
未被拒收	3	72	75
	20	80	100

✅問題09　審問

答案：確實犯罪、並且在審問中說實話的人為7%。

步驟1：填入已知資訊：

	受審問者 確實犯罪	受審問者 未犯罪	
受審問者說實話	？		
受審問者未說實話		2%	20%
		75%	

步驟2：先算出各列各行的總值，再計算出其他方格的數值，完成矩陣：

	受審問者 確實犯罪	受審問者 未犯罪	
受審問者說實話	7%	73%	80%
受審問者未說實話	18%	2%	20%
	25%	75%	100%

✅問題10　套餐

答案：總共有24種。下圖同時顯示決策樹和機率樹，首先，足足有24種套餐組合；其次，若我們假設每種套餐組合被選擇的機率相同，那麼，任何一種套餐組合被選擇的機率為$\frac{1}{24}$。例如：一位用餐者可能選擇湯、義大利麵、派及咖啡（$\frac{1}{2}\times\frac{1}{3}\times\frac{1}{2}\times\frac{1}{2}=\frac{1}{24}$）；另一位用餐者可能選擇沙拉、魚、蛋糕及茶（$\frac{1}{2}\times\frac{1}{3}\times\frac{1}{2}\times\frac{1}{2}=\frac{1}{24}$）。

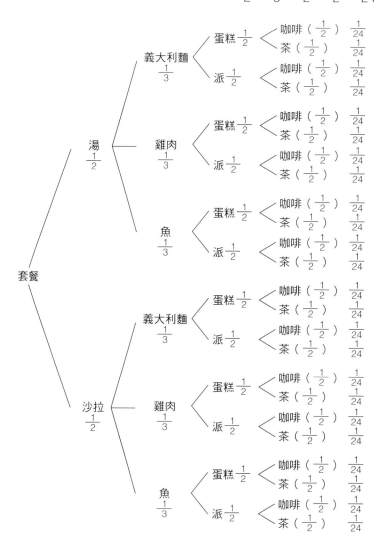

答案：55,000美金。

第一個投資：

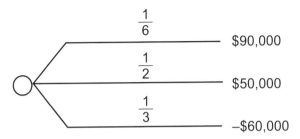

第二個投資：

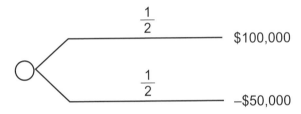

第三個投資：

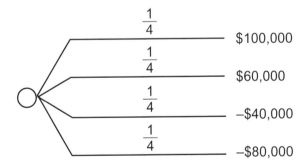

第一個投資：

$$加權平均數 = \$90K \left(\frac{1}{8}\right) + \$50K \left(\frac{1}{2}\right) + -\$60K \left(\frac{1}{3}\right) = \$20K$$

第二個投資：

$$加權平均數 = \$100K \left(\frac{1}{2}\right) + -\$50K \left(\frac{1}{2}\right) = \$25K$$

第三個投資：

$$加權平均數 = \$100K \left(\frac{1}{4}\right) + \$60K \left(\frac{1}{4}\right) + -\$40K \left(\frac{1}{4}\right) + -\$80K \left(\frac{1}{4}\right) = \$10K$$

因此，三個投資的總期望報酬是：

期望報酬 ＝ $20,000 ＋ $25,000 ＋ $10,000 ＝ $55,000

（註：期望報酬等於這三個投資的加權平均值的總和。）

第4章　分析論證

☑問題12 犯罪

答案：E。了解這個問題的關鍵是認知到把「犯罪」（crime）一詞改變為「報案」（reported crime）時，將發生範疇改變（scope shifts）。報案數量顯然不同於實際犯罪數量，如同答案選項E所陳述的：「有可能報案數量減少，但實際犯罪數量不變或增加。」為作出合理且有效的比較，我們必須使用相同含義的用詞。

選項A不正確，這句陳述稍稍強化、而非削弱原論證。選項B不正確，警員本身也是市民，他們是否投票支持警方降低犯罪的方案，

這不要緊。選項C也不正確，多數被逮捕者是否為慣犯也不要緊，不論是初犯或慣犯，犯罪就是犯罪。

犯罪定義包含白領犯罪（選項D），其實是強化了原論證，因為既然犯罪定義涵蓋更廣，犯罪率（或報案）可能更高，這使得原論證中聲稱的犯罪（或報案件數）減少變得更顯著。

☑問題13 過動

答案：D。更多類型的行為被視為過動，這可以反駁「現在的小孩比十年前的小孩更過動」的說法。簡言之，就是有更多項目被「查出」並確認為過動行為。為了比較現今小孩和十年前小孩的過動程度，項目的可比較性應該公平，亦即過動的定義或過動行為的標準必須保持前後一致。選項A及B基本上超出原論證的範疇，我們不是在談創造力或自發性，也不是在考慮可能比過動症更為嚴重的其他問題。童書中內含更多或較少插圖的影響性（選項C）並不確定，注意力不足過動症之類疾病發生率增加（選項E）的影響性也不確定。

☑問題14 電影迷

答案：B。這是一個典型的代表性假設問題，原論證假設取自週日下午場電影觀眾的一個樣本可以代表全國所有電影觀眾，問題是，那些週日下午場電影觀眾的看法的代表性有多高呢？舉例而言，週日下午場電影觀眾可能有相當多的家庭觀眾（亦即帶小孩來看電影的人），他們傾向不在週日下午觀看怪異或暴力型電影。一個有代表性的樣本，調查對象必須至少包含一些週六夜場電影觀眾、週六下午場電影觀眾，以及非週末場電影觀眾。

選項A確實多少削弱了原論證，有些人會觀看他們喜愛的演員演出的每部電影，不管是什麼類型的影片。選項C不正確，因為我們考慮的是現在的電影觀眾品味，不是以往的賣座電影。

選項D不正確，我們不能假設書籍銷售量和大學犯罪學課程選修人數

的增加，必定與電影觀眾的品味趨勢有關。起碼，我們知道，課程選修人數的緩步增加是許多其他因素的結果。

選項E不正確，因為它在理論上強調製片商應該停止製作這類電影是因為不賣座，若演員的片酬高，電影製作成本就更高，對獲利構成壓力。

✅問題15 牛市

答案：A。這個論證假設可以從股市的強勁度（這裡指的是印度國家證交所指數）來判斷印度的總體經濟。在選項B中，孟買證交所（印度的另一大證交所）指數上漲也為這論證提供支持，但其支持力不如選項A。選項A對這個論證中的關鍵假設提供直接支持。

「去年這個時候，印度國家證交所指數下跌」（選項C），這個陳述既不會強化、也不會弱化原論證。「亞洲及歐洲的經濟也被認為是強勁」（選項D），這對強勁的印度經濟有一些支持，但難以從這個事實直接得出結論。「印度國家證交所指數向來波動甚大」（選項E），這點削弱原論證。

這基本上是第4章中標題為「芬蘭」（參見104頁）的例子中使用的相同論證，那個論證也可以視為另一種代表性假設的例子。該論證的結論說：「芬蘭是世上技術最先進的國家」（這是「全」），而這個論證使用的證據是：「芬蘭人均擁有的手機數量高於其他國家」（這是「偏」），這是以偏概全──以特定層面來代表整體，是一種代表性假設。

✅問題16 推桿進洞

答案：C。這個論證假設推桿進洞能力是決定高爾夫球玩家能否打出低桿數的關鍵因素。高爾夫球的好成績有許多要素，包括推球、開球、鐵桿擊球、切球、沙坑擊球、判斷天氣、推速、策略、脾氣、經驗、體適能狀態和競爭力。這段話假設成績好壞取決於在果嶺／

輕擊區的表現。雖然，不可能說推球不是打出低桿數成績的一個重要部分，但絕對不是打出好成績的唯一要素。

選項A不正確，我們不能假設除了優質器材，別無其他改進高爾夫球表現之道。練習本身或許就足以改進表現。這段廣告的確指出，高爾夫球玩家若想有大改進，他必須在推球方面作出改進，最好是購買一支「甜蜜點球桿」。

選項B不正確，因為它作出了原論證中並未假設的一個無根據的比較，我們不知道「甜蜜點球桿」對業餘者的助益大於對職業選手的助益，或是對職業選手的助益大於對業餘者的助益。同理，選項D不正確，因為我們不知道新問市的「甜蜜點球桿」是否優於市面上現有的任何其他球桿，我們只知道「甜蜜點球桿」只是三種新神奇球桿當中的一種。

至於選項E，我們也無從知道在改進推桿進洞準確度方面，訓練課程的成效是否不如使用優質器材的成效。

附註 總的來說，每當我們以偏概全地論證時，就是作出了代表性假設。調查或問卷調查就是常見的樣本代表性假設，如【問題14：電影迷】所示。【問題15：牛市】則是以偏概全的例子，用印度國家證交所指數的強勁度（偏）來推論印度總體經濟的強勁度（全）。在這個【問題16】中，背後假設是高爾夫球的成績主要取決於推桿進洞能力，也是以偏（推桿進洞能力）概全（高爾夫球的成績）。

問題17 評論家的選擇

答案：C。由於可選擇的當代小說及二十世紀小說分別遠多於100本，那些被選的小說是否能代表全部當代小說及全部二十世紀小說，就有疑問了。《小說家衰落》一書的作者有可能挑選了最能支持其論點——現今的小說家技巧不如往昔的小說家——的小說。選項

A可能稍稍削弱原論證，但不會明顯駁倒它。選項B雖然非常有理，但跟原論證無關，因為此書作者的論證聚焦於文學技巧。選項D根本超出範疇，因為我們對於撰寫劇本所需要的文學技巧一無所知。選項E無關緊要，一般讀者是否熟悉文學評論術語並不打緊，只要此書作者熟悉這些術語就行了。

☑問題18 脾氣

答案：E。這是一個有意選擇的例子。史蒂夫及約翰都分別挑選出支持其論點的例子，史蒂夫挑選了壞脾氣的紅髮者來支持其「紅髮的人脾氣差」的論點，約翰挑選好脾氣的紅髮者來支持其「紅髮者脾氣不差」的論點。一個人的紅髮朋友人數比另一個人的紅髮朋友多或少（選項A），不會明顯影響這兩個陳述是否一致，事實上，很有可能兩人的朋友當中的紅髮者比例相當接近，像是5%，別忘了，比例不同於數目，比例代表的是相對性。在選項B中，有可能史蒂夫及約翰的紅髮朋友總人數少於他們的非紅髮朋友總人數。基於這個可能事實，分辨不出誰是誰非。

選項C也無法證明誰對誰錯。幾乎可以確定，史蒂夫及約翰分別都有非紅髮且脾氣差的朋友，但這事實無助於判斷這兩個矛盾的陳述，因此，選項D不是答案。請注意，實際證明紅髮是否跟脾氣差有關連性的方法屬於實驗設計領域，參見第3章的假設檢定（89頁）。

附註 以下舉一個後續的問題例子，這個例子模擬一種現實生活中的情境。完成並回收的調查或問卷調查結果未必能代表全體受訪者的觀點，未回收的調查或問卷調查的受訪者有可能抱持相反的觀點。
梅格公司總裁：「我擔心我們公司近期的員工離職率太高，若離職的員工對我們公司不滿，這種負面感可能會傷害我們在市場上的聲譽。」
人力資源經理：「無需擔心。我們有做離職員工的調查，我們在每個

已離職員工離職後的30天內進行問卷調查，這些問卷要求誠實作答，並告訴受訪者的回答將被保密。在過去離職的100名員工當中，有25人寄回，其中只有5人提到任職時有不愉快的工作體驗。」

下列陳述當中，何者最能反駁這位人力資源經理的論證：

A）在這類問卷調查中表達的觀點未必能看出員工的實際感受。

B）許多在梅格公司工作體驗差的離職員工未回答這個問卷調查。

C）梅格公司最近雇用的量子公關公司成功設計出幾項專門用以提振梅格公司公共形象的方案。

D）詢問有關於不愉快工作體驗的提問被放在問卷調查的最後面，不是最前面。

E）問卷調查回覆率通常是10%，亦即平均每10個受訪者中只有1人會完成與寄回。

答案：B。 若那些對梅格公司不滿的前員工保持沉默（亦即他們不回答問卷調查），人力資源部門的結論中就會忽略這種觀點。選項A可能也值得關切，但無法看出員工的實際感受是更好或更差（我們不能假設員工的實際感受必定更差！）。在選項C中，我們不能假設量子公關公司作出的公關行動對已離職員工有任何影響；再者，設計方案與實行方案是兩碼事。問卷調查中的提問放置位置（選項D）可能無關緊要，或是其影響性不明確。選項E強化人力資源經理的說法，因為梅格公司的問卷調查回覆率為25%，高於一般回覆率10%，回覆率愈高自然是愈好。

✅問題19 自行車騎士

答案：C。 這個論證把關連性變成因果關係。體脂肪低和世界級自行車騎士這兩者之間可能有高關連性，但其他變數也可能有高關連性，例如：肌力與世界級自行車騎士可能存在高關連性，操縱自行車的技術性技巧和世界級自行車騎士也可能存在高關連性。

我們也可以把這個問題當成一個「若……，則……」型問題來解答。原論證：「若某人是世界級自行車騎士，那麼，此人的體脂肪

介於4%至11%」，當「若……，則……」的陳述被錯誤地倒置，這論證就變成：「若某人的體脂肪介於4%至11%，那麼，此人可成為世界級自行車騎士。」體脂肪低是成為世界級自行車騎士的一個必要條件，但非充分條件。第5章討論「若……，則……」型問題，以及必要條件vs.充分條件（參見138頁）。

☑問題20 SAT分數

答案：B。基本上，這個論證是説SAT分數提高是因為學生們變得更會考試，不是因為學生們的學術技巧變得更好。學生們究竟是變得更聰敏了，或只是變得更會考試了？

選項A和E有點棘手，其實，作者並沒有否定其對立者的數據，也沒有説其對立者的證據錯誤，事實上，作者贊同其對立者陳述的事實——SAT分數提高，作者説的是，其對立者提出的證據不完整，而非錯誤。選項D不正確，這論證的錯誤不是因為使用了循環推理。在循環理論中，結論是基於證據，而這證據又是基於結論。選項D不正確的理由，相同於上一題【問題19：自行車騎士】中的選項E不正確的理由，一個論證若是基於原欲需求建立的論點，就是循環論證。

對兩件事之間的因果關係有所混淆時，就存在了因果謬誤。我們應該檢視一個論證的建立是不是基於一些情況A導致一些情況B？思考：「真的是A導致B嗎？」，若能説明A未必導致B，就可以使論證弱化或瓦解。

以下是兩個論證的開展摘要：

對立者的論證：
結論：學生們的學術技巧變得更佳。
證據：家長們深受鼓舞。
證據：測驗分數提高。
假設：測驗分數較高和學術技巧更佳這兩者之間高關連性，亦即，

家長們深受鼓舞是因為測驗分數提高，這顯示學生們的學術技巧變得更佳。

作者的論證：

結論：學生們變得更會考試，而非他們的學術技巧變得更佳。

證據：研究發現，學生們的基本學術技巧變差。

證據：測驗分數提高。

假設：測驗分數較高和學術技巧更佳這兩者之間不存在高關連性。

附註 SAT分數這個問題足以凸顯辨識證據、結論，以及連結證據與結論的背後假設的重要性。這裡再舉一個例子，某甲說：「難怪陶德選擇讀一所好大學，他想讓自己畢業後能找到好工作。」我們不能假設陶德上大學的目的是為了以後獲得一份好工作，他上大學也許是為了進入大學的運動校隊，希望將來成為職業運動員。又或許，他上大學純粹是為了精進學習，完全沒有想到未來職業之事。或者，他上大學可能只是為了離開家裡，去結交新朋友，享受社交生活。

就這四個論證來說，第一個論證是某甲的原始論證，後面三個論證是反擊論證，找出陶德為何上大學的其他原因。

某甲的原始論證：

結論：陶德選擇讀一所好大學的理由是為了畢業後能找到好工作。

證據：陶德讀一所好大學。他畢業後找到一份好工作。

假設：讀一所好大學致使陶德畢業後找到一份好工作。

反擊論證＃1：大學運動校隊

結論：陶德上一所好大學是為了進入一支全國知名的大學運動校隊。

證據：陶德上一所好大學。他進入一支全國知名的大學運動校隊。

假設：一個人不會上一所好大學並進入一支有名的大學運動校隊，除非這就是他上大學的主要動機。

反擊論證＃2：學術

結論：陶德上大學是為了精進學習。

（接下頁）

（接上頁）

證據：陶德讀一所好大學。他在學術上表現優異。

假設：一個人不會上大學並在學術上表現優異，除非這就是他讀大學的主要目的。

反擊論證＃3：社交

結論：陶德上一所好大學是為了加強他的社交能力。

證據：陶德上一所好大學，他在學校加入幾個著名的社團，結識許多新朋友。

假設：一個人不會上大學並加入幾個著名的社團，除非他就是為了社交加強能力而這麼做。

✅問題21 瓦德茲

答案：E。這個選項最能反駁原論證，它為Zipco的年均獲利率從8％提高至15％提供了另一個有理的原因，反駁了這獲利率提升歸功於瓦德茲的國際行銷方案的論證。選項E的意思是，獲利率的提升是因為瓦德茲擔任總裁前的一樁收購案，使Zipco的年營收增加了一倍。選項E的確有個背後假設——營收增加就會增加獲利，儘管如此，這個選項仍然是最佳選擇。

前面四個選項在創造更多營收及獲利的程度上都比不上選項E，它們全都提到了潛在的幫助，但我們無法明確地認定它們能創造更多的營收及獲利。選項B堪稱是最不適合的選項，它只說產能提高，我們不知道產能提高是否等同於實際產量提高，也不知道產量提高是否促成獲利增加。

✅問題22 新聞標題

答案：C。低自尊心可能是肥胖及憂鬱的導因，這最能削弱原論證。在這個陳述中，是另一個原因——低自尊心——導致肥胖及憂鬱。

至於選項A，一個人是否了解自己為何憂鬱或如何擺脫憂鬱，這跟原論證無關。選項B說，肥胖未必是憂鬱的唯一導因，除了肥胖，還有很多其他原因可能導致憂鬱，但這陳述並未削弱肥胖與憂鬱的關連性。至於選項D，就算肥胖與憂鬱有因果關係，也不代表愈肥胖的人愈憂鬱。當某人體重過重時，可能會陷入憂鬱，儘管，一個肥胖程度更大的人更憂鬱也不會不合理。至於選項E，就算絕望與自殺跟憂鬱有關，這也超出了原論證——肥胖與憂鬱有關——的範疇。

✅問題23 看電視

答案： E。反駁因果關係論證（例如：A導致B）的方法之一是把因果倒置——說明不是A導致B，而是B導致A。選項E就是把因果倒置，它的意思是，有暴力傾向的人觀看暴力電視節目，而非觀看暴力電視節目使人變得有暴力傾向。

選項A可能稍稍削弱原結論，但未顯著削弱。「重度觀看群中的一些人展現的暴力傾向，低於這群組中的其他人」，這也是一個有可能性的結果，重點是，重度觀看群整體的暴力傾向高於輕度觀看群。同理適用於選項B。選項C不正確，因為不論這種害怕心理是否導致一些觀眾限制他們觀看電視的時數，都跟原論證不相關。若這種害怕心理確實導致一些觀眾限制他們觀看電視的時數，這只意味這些觀眾應該會展現較少程度的暴力傾向，因為他們看電視的時數減少。至於他們減少看電視時數的原因也毫無干係。選項D也不相關，重點在於人們實際上觀看了電視節目，不論是直播或預錄。

✅問題24 鯊魚

答案： B。首先來看不正確的選項。選項A最接近正確答案，因為它大致上支持穿著金屬光澤緊身衣的衝浪者在其他衝浪地區也未遭受鯊魚攻擊，選項A稍稍強化了原論證。選項C削弱原論證，因為它暗示沒有鯊魚留在這片海洋保護區。選項D也削弱原論證，因為它暗示

一個另一個原因（戴金屬鈴的手環）導致鯊魚不攻擊衝浪者。選項E基本上不相關，我們談的是衝浪者，不是潛水者或鮪魚。

在正確答案選項B中，我們真正想知道的是鯊魚是否攻擊那些穿著黑色連身緊身衣的衝浪者，而未攻擊穿著金屬光澤緊身衣的衝浪者？為了證明金屬光澤緊身衣確實有用，你需要什麼呢？以下是實驗設計問題使用的架構，真實世界中做研究時常使用這樣的架構。

	受鯊魚攻擊	未受鯊魚攻擊	衝浪者總數
黑色緊身衣	（a）	（b）	xx
金屬光澤緊身衣	（c）	（d）	xx
	xx	xx	xxx

這個問題凸顯有意選擇的陷阱。那些想證明穿著金屬光澤緊身衣功效的人，選擇來自（a）及（d）子類別的例子，亦即，他們引用穿著黑色緊身衣、且遭受鯊魚攻擊的衝浪者（a這個子類別）的例子，以及穿著金屬光澤緊身衣、且未遭受鯊魚攻擊的衝浪者（d這個子類別）的例子。那些想證明穿著黑色緊身衣功效的人，選擇來自（b）及（c）子類別的例子，亦即，他們引用穿著黑色緊身衣、且未遭受鯊魚攻擊的衝浪者（b這個子類別）的例子，以及穿著金屬光澤緊身衣、且遭受鯊魚攻擊的衝浪者（c這個子類別）的例子。

最近幾個月很有可能未發生任何鯊魚攻擊事件，在此情況下，試圖檢視金屬光澤緊身衣功效的任何比較都是徒勞無功的，如右頁圖表的假設性數據所示。

	受鯊魚攻擊	未受鯊魚攻擊	衝浪者總數
黑色緊身衣	0	950	950
金屬光澤緊身衣	0	50	50
	0	1,000	1,000

若我們有所有空格的真實數據，即可做百分比比較，以判斷穿著金屬光澤緊身衣是否真的有所不同。把穿著黑色緊身衣、且遭受鯊魚攻擊的衝浪者人數，除以穿著黑色緊身衣的衝浪者總數，得出一個百分比；再把穿著金屬光澤緊身衣、且遭受鯊魚攻擊的衝浪者人數，除以穿著金屬光澤緊身衣的衝浪者總數，得出另一個百分比。把這兩個百分比拿來相較，可以得出結論。

附註 下面引號中的內容是原陳述，請問，陳述1及陳述2當中，何者最支持原觀點？

原陳述：「ABC公司花錢打廣告，並且看到銷售量增加。顯然，廣告導致銷售量增加。」

陳述1：其他競爭公司也花錢打廣告，並且看到銷售量增加。

陳述2：原本不花錢打廣告，銷售量一直沒有增加。

答案：陳述2。雖然，陳述1對於「花錢打廣告使得ABC公司的銷售量增加」這個原陳述提供了一些支持，但我們真正想知道的是相反情境——若不花錢打廣告的話，會如何呢？若不花錢打廣告，會預期看到目前的銷售量減少，否則，就該懷疑真的是廣告導致銷售量增加嗎？也可能是另一個原因使得銷售量增加。

✅問題25 太陽能

答案：C。若研究尚未發展出多數個別家庭能使用的有效取得與儲存

太陽能的方法，將會嚴重反駁這個論證。若缺乏執行這解決方案所需要的技術能力，這「計畫」就行不通。

選項A不相關，選項B稍稍反駁這個論證，它暗示，就壟斷性能源巨頭為了自身利益而隱匿資訊。選項D及E談到成本問題，但這個論證談的是支持採用太陽能的非成本考量，例如：太陽能不會污染空氣及水，不會像核能那樣有致命的輻射威脅，因此較優。

☑問題26 經典文學

答案：E。為落實某項計畫，個人或組織必須有欲望或動機，關鍵字是「能」，一個人做某件事的能力未必轉化為「將會」做某件事。「能」不等於「將會」！

總結此問題最簡單方式大概是：多數識字的人未閱讀經典文學，這未必意味他們是懶人。多數識字的人未閱讀經典文學，可能只是選擇不把時間花在閱讀經典文學上。再者，就算一個人很懶，他仍然可能閱讀經典文學。舉例而言，識字但懶惰的人可能只是閱讀得很慢，或是斷斷續續地讀，但最終仍然讀完。我們確知的是，有些人可能閱讀了經典文學，這些人當中有些可能不是懶人，有些可能是懶人。我們不能假設所有閱讀經典文學的人都是不懶惰的人。

選項D不正確，因為原陳述並不是一個真正的「若……，則……」陳述，亦即其逆否陳述不是一個成立的推論，一個真正的「若……，則……」陳述，其逆否陳述是一個成立的推論（參見139頁＜圖表5-3＞）。原陳述只是說一個識字且不懶惰的人「能」閱讀經典文學。

下面這個例子說明在什麼情況下，選項D是一個正確選項。若原陳述是一個真正的「若……，則……」陳述，如下：

「若一個人識字且不懶惰，那麼，他**將會**閱讀古典文學。」

這個陳述的逆否陳述將會是一個正確推論，如下：

「若一個人沒讀過經典文學，那麼，他是個識字的懶人！」

附註 下面這個後續例子可以凸顯一個日常生活中常見的假設。一個計畫可能因為欠缺財務資源而不可行。

經濟衰退是產業變革的機會，產業被迫關門、解僱員工，在這過程中，一些工作者失去工作，變成創業者，驅動新產業；其他人則是學習新技能，以求在經濟復甦時，他們能夠加入新形態的產業。

講上述這段話的人作出了下列哪一個假設？

A）創業者的創新點子似乎太激進，以致於被忽視，直到別無他法才被注意。

B）經濟衰退迫使社會重新評估其經濟優先要務及其生產方法。

C）因經濟衰退而失業者擁有或是找得到財務資源來維持生活，並且學習新技能。

D）經濟衰退的總體效應是淘汰缺乏效率的生產方式，騰出空間給新的生產方式。

E）經濟衰退影響全社會的人，不論他們的經濟地位如何。

答案：C。原論證聽起來有足夠的說服力：經濟衰退為失業者提供學習新技能以重回勞動市場的新機會。但是，這段陳述假設這些失業者有財務資源可用以維持生活，並且付錢取得新技能。選項A及E基本上不相關，選項B及D比較棘手，但這兩個選項基本上是重述原論證中的說法，無損原論證的假設。

試著使用典型的論證結構來處理這個問題。第一個句子──「經濟衰退是產業變革的機會」──是結論，其餘句子都是證據：「產業被迫關門、解僱員工，在這過程中，一些工作者失去工作，變成創業者，驅動新產業；其他人則是學習新技能，以求在經濟復甦時，他們能夠加入新形態的產業。」重讀結論後，停下來，思考一個疑問：為何經濟衰退是產業變革的機會？理由就在證據（或前提）裡。基本上，經濟衰退之所以是產業變革的機會，是因為人們能再受職訓。一旦你回答了這個疑問，就能更明顯看出這個論證假設人們有時間與金錢可以受職訓。

✅問題27 公共交通工具

答案：A。可能有更好或更容易的方法可以減輕多數大城市的污染，此事實超出這論證的範疇。這個論證本身只認為人們應該把他們的車子留在家中，改用公共交通工具來減輕污染。多數大城市有其他更迫切的問題如貧窮、犯罪或平價住宅，這也超出本論證的範疇。

這個問題凸顯在批判性推理問題中可能發生的實行面假設。選項B、C、D以及E，全都是此論證成立的實行面假設。選項B針對的疑問是實際上擁有車子的人夠不夠多，或是開自己的車子去上班的人夠不夠多，最根本上，若實際上擁車者並不多，原論證就不能成立了。選項C凸顯的是必須有機會，此計畫才可行。這裡所謂的機會，指的是必須有便利的公共交通系統，讓人們能選擇不開車上班，改搭公共交通工具。選項D和E凸顯意料之外的狀況，分別是：目前的公共交通系統能否容納所有決定改搭公共交通工具的人；這城市的財務能否負擔得起。

✅問題28 彩虹公司

答案：B。若蒂娜並不知道近期有關於彩虹公司違反環保法而遭起訴的報紙報導，就沒道理下結論說她不關心環境。選項A及C不相關。在選項D中，縱使該公司的公關部門未發聲明否認該公司違法，並不意味該公司確實違法。彩虹公司究竟違法與否與這個問題無關，因為蒂娜不知道該公司遭起訴一事。在選項E中，「蒂娜在大一及大二期間是一個環保組織的成員」，這個事實稍稍反駁「蒂娜不關心環境」的說法，但影響不大。

> **附註** 我們再來看看另一個例子。一個全球智庫檢視各國的國歌以及國歌內容是否明顯呼應該國歷史。這研究得出的結論是，多數國歌涉及軍事題材，部分是因為它們是在戰爭或內戰期間創作的。因此，這

個智庫建議，在全球和平與穩定的背景下，國家應該考慮換掉它們的國歌，去除軍事題材。怎樣的陳述能反駁這說法呢？

只要提出現今國民並不知道國歌內容含有任何軍事題材就可以了。

問題29 性格

答案：C。這個論證背後的一個基本假設是，面試能夠辨識出可以在商學院中成功的性格。舉例而言，若「友善」是一個有利的性格，那麼，面試官要如何判斷申請人是否友善呢？若機智是一個有利的特質，這機智指的是能言善道，或是感知的分析思維模式，或是講出有趣故事的能力呢？總的來說，面試官要如何確定申請人具有能成功的性格？

選項A是一個扭曲含義，面試可能是流程的一環，但光靠面試，不能促成招生成功。好的面試可能跟招生成功有關聯，但不是成功的導因（亦即，關連性vs.因果關係的差別）。也可以參見第5章中的「必要條件vs.充分條件」（140頁），好的面試可能是有效招生的必要條件，但非充分條件。

選項D也是一個扭曲含義。面試未必只有一個目的，除了評估申請人的性格，面試官可能也想釐清申請人的背景。商學院甚至可能使用面試作為一種公關工具，幫助推銷它們的學校，若申請人錄取了，更可能選擇就讀該校。至於選項B，我們無法確知面試是否為審核流程中最重要的一環。

至於選項E，不需要讓所有申請人都在相似的時間與場所進行面試，才具有成效。不同的面試場所未必意味著面試程序或結果不一致。

☑️問題30 雅痞咖啡館

答案：

1. 要點概述形式的回應

這個論證的結論是，你可以使用網際網路打廣告，讓你的事業更賺錢。作者使用的證據是雅痞咖啡館在網際網路上打廣告，業務比去年全年增加了15%。我不認為這個論證很有理，因為它是基於幾個有爭議的假設。

質疑假設

- 第一，這論證假設業務增加15%等同於營收或獲利增加15%。必須釐清「業務增加」這句話，才能適當比較。
- 第二，這論證假設在網際網路上打廣告和業務增加這兩者之間存在因果關係。
- 第三，這論證假設雅痞咖啡館可以代表所有其他事業，例如：你的事業。
- 第四，這論證假設一公司有錢可用於在網際網路上打廣告，而且，在網際網路上打廣告的成本不會大於增加的營收。

質疑證據

- 一個較老、更成熟的事業，業務也能增加15%嗎？或是只有較年輕、更可能獲得顯著年成長率的事業才能做到？

結論

- 總結而言，為強化這論證，我們需要更多的資訊來證明上述的因果型假設、樣本代表性假設、比較與類比型假設以及實行面假設。
- 我們也可以藉由調整原論證中的絕對性用詞來強化論證。原論證說：「他們的成功顯示，你也可以使用網際網路讓你的事業

更賺錢」，可以改為：「他們的成功顯示，你**或許**也可以使用網際網路讓你的事業更賺錢」；或者：「他們的成功顯示，有些公司可以使用網際網路讓它們的事業更賺錢。」

- 最後，我們需要釐清「成功」這個詞的確切含義，它的定義是什麼？

2. 論文形式的回應

這個論證的結論是，你可以使用網際網路打廣告，讓你的事業更賺錢。作者使用的證據是雅痞咖啡館在網際網路上打廣告，業務比去年全年增加了15%。我不認為這個論證很有理，因為它是基於幾個有爭議的假設。

第一，這論證假設在網際網路上打廣告和業務增加這兩者之間存在因果關係，但是，有可能雅痞咖啡館業務增加的原因跟在網際網路上打廣告無關，例如：可能是該咖啡館的一個主要競爭者歇業了，或是該咖啡館開始供應品質更好的咖啡產品，或是口碑相傳招來更多顧客，或是因為正好經濟情勢大好，使得今年業務增加。

第二，這論證假設雅痞咖啡館可以代表所有其他事業，例如：你的事業。這形成了一個樣本代表性假設。在網際網路上打廣告或許真能幫助高度顧客導向的公司的業務，例如：咖啡店、健康水療館和圖書經銷公司，但像是石油天然氣公司或礦業公司呢？顯然難以用單一一個例子來概括所有公司。

第三，這論證假設其他公司都擁有電腦可以連結網際網路，因此能夠在網際網路上打廣告，並且也雇用了能夠管理這系統的人員。此外，這論證也假設一公司有金錢或其他財務資源可用於在網際網路上打廣告。而且，這論證假設在網際網路上打廣告的花費不會大於增加的營收。這些全都是實行面假設。

第四，這論證假設業務增加15%等同於獲利增加15%。所謂的「業務增加」，可能指的是營收增加，但我們知道，營收與獲利是不同

的兩個東西，獲利取決於成本、營收以及銷售量之間的關係。此外，「業務增加」這句話含糊不清，例如：顧客數量增加15%未必等同於營收或獲利增加15%，尤其是若一杯咖啡的零售價顯著降低或提高的話。

總結而言，為強化這論證，我們需要更多的資訊來證明打廣告和業務增加之間的因果關係。我們需要更多樣本，以證明雅痞咖啡館不僅僅是一個特例。我們需要先確定公司有網際網路連結。我們也需要釐清業務的增加是否能轉化為營收的增加，以及（或是）營收的增加是否能轉化為獲利的增加。

「成功」一詞尤其含糊不清，更需要釐清。業務增加15%，稱得上「成功」嗎？對一個創投家來說，成功的定義可能是報酬率50%或更高。此外，應該只用量的層面來衡量「成功」嗎？那質的層面，如員工或消費者滿意度呢？最後，可以藉由調整原論證中的用詞，來強化論證。原論證說：「他們的成功顯示，你也可以使用網際網路讓你的事業更賺錢」，可以改為：「他們的成功顯示，你**或許**也可以使用網際網路讓你的事業更賺錢」；或者：「他們的成功顯示，有些公司可以使用網際網路讓它們的事業更賺錢。」

第5章　運用邏輯

☑問題31 化學家

答案：B。這個問題凸顯「肯定後件謬誤」。如右頁圖表所示，代表化學家的圓圈落在代表所有科學家的大圓圈之內，所以，所有化學家都是科學家。但顛倒過來就不正確了，不是所有科學家都是化學家；除了化學家，還有許多其他類別的科學家，包括生物學家、物理學家。

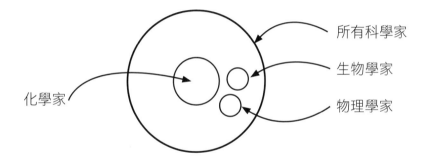

化學家　所有科學家　生物學家　物理學家

在選項A及D中，每一個陳述的前半部分正確，後半部分不正確。選項C及E則是完全不正確。

✅問題32 曲折情節

答案：C。原論證的最後使用「若……，則……」陳述作為此論證的結論：「若編劇想繼續作為一種重要的藝術形式，劇作家就必須繼續創作曲折情節。」在判斷此作者最可能贊同哪一個陳述時，我們必須尋找符合邏輯推論的陳述，選項C是正確答案，它是一個逆否陳述：「若一個劇本沒有曲折情節，它可能不會成為一個重要的藝術形式。」

選項A是「肯定後件謬誤」的例子，在技巧42（參見146頁）強調這類型的錯誤推論。除了曲折情節，成為一個重要的藝術形式可能還需要其他要素。選項B是「否定前件謬誤」。選項D超出原論證的範疇，我們不知道編劇是否最有可能成為一種重要的藝術形式。選項E不正確，沒有理由相信情節愈多就是愈好，也許，劇本中有一個情節就夠了。

✅問題33 校園酒吧

答案：D。這個例子凸顯「否定前件謬誤」。檢視原論證，我們會發現，現在不是期末考週，未必意味校園酒吧就沒賣出很多啤酒，就

我們所知，校園酒吧每週都賣出很多啤酒，所以它生意興隆。校園酒吧的確可能在期末考週賣出很多啤酒，因為這段期間，學生尋求抒解壓力或慶祝，但可能還有其他生意興隆的時間，尤其是當有足球與籃球之類的比賽時。

選項D中，沒人快樂，未必就意味一些人不會微笑，這些人可能不論快樂或悲傷，總是露出微笑。

檢視原論證，聚焦於找出一個相似的結構。

原論證（這是一個謬誤論證）：

期末考週 → 賣出很多啤酒

（若為期末考週，則校園酒吧賣出很多啤酒。）

≠期末考週 → ≠賣出很多啤酒

（若非期末考週，則校園酒吧不會賣出很多啤酒。）

把這個結構套用於正確答案選項D：

若快樂 → 微笑

≠快樂 → ≠微笑

✓問題34 陽台

答案：C。我們被告知，所有五樓以上的公寓都有陽台。但是，不能就此邏輯地推論五樓或五樓以下的公寓就沒有陽台，因此，選項B及E是陷阱題。眾所皆知，每間公寓從一樓起都有一個陽台。

技巧45（參見148頁）說：「思考一個『若A，則B』形式的『若……，則……』陳述的方法之一是：A得出B，並不意味C、D或E不會得出B」。舉個例子，廣告支出增加使得公司的銷售量增加，這並不意味公司銷售量的增加不是其他方法促成的，例如：雇用更多銷售員，降低產品的零售價，或是雇用了一位知名且能幹的經理。

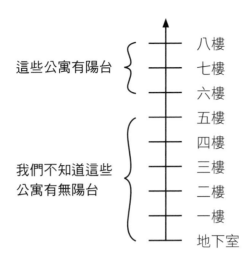

八樓

七樓

這些公寓有陽台

六樓

五樓

四樓

我們不知道這些
公寓有無陽台

三樓

二樓

一樓

地下室

> **附註** 這句陳述：「若某人是富人，那麼，他將投票支持減稅」，並不意味若某人是窮人，他將不會投票支持減稅。

☑問題35 全球暖化

答案：D。若我們想遏止全球暖化，就必須通過立法。如同技巧46（參見149頁）所言，我們必須區別必要條件和充分條件，通過立法是遏止全球暖化的一個必要條件，但非充分條件。通過立法之所以不是充分條件，是因為可能還需要其他要素，才能遏止全球暖化，起碼，我們可能需要執行通過的立法。選項C近乎是重述原文。選項A及B全都正確解讀雅各的原「若……，則……」陳述，但是，皮耶認為雅各的陳述不對，我們要找的是一個錯誤的答案選項。

選項E是一個相反的答案選項（亦即相反於選項D），因為它相反於皮耶誤以為雅各所言的意思。皮耶誤以為雅各認為立法是遏止全球暖化的唯一構成原因，但實際上，它是幾個因素之一。

以下是一個相關、但更簡單的例子。

雅各：「若你想讓你養的狗活下去，你必須天天餵牠水。」

皮耶：「這不對。讓你養的狗活下去，需要餵水以外還有很多其他要素。」

皮耶的回應不當是因為他誤以為雅各所言的意思是：

A） 餵水是讓你養的狗活下去的必要之舉。

B） 唯有餵水，才能讓你養的狗活下去。

C） 若要讓你養的狗活下去，就必須餵牠水。

D） 光是餵水，就足以讓你養的狗活下去。

E） 光是餵水，將不會讓你養的狗活下去。

正確答案當然是選項D。雅各的陳述正確指出，水是讓你養的狗活下去的一個必要條件，但皮耶誤以為雅各所言的意思是只要餵水就可以活下去。

問題36 銷售員

答案：C。我們重複一下黛博拉的話：

「想成為優秀的銷售員，你必須友善。」

黛博拉的原陳述等同於以下陳述：

「若某人是個優秀的銷售員，他必定是友善的人。」

接著，我們來摘要湯姆以為黛博拉的意思是：

「若某人是個友善的人，他將成為一個優秀的銷售員。」

湯姆其實是把原「若……，則……」陳述顛倒，犯了「肯定後件謬誤」。若湯姆的回應是：「噢，妳的意思是，只有友善的人能成為優秀的銷售員」，或：「我贊同，一個優秀的銷售員必須友善」，或：「沒錯，若不友善，你將無法成為一個優秀的銷售員」，那他就正確了。

選項B是正確解讀黛博拉的原陳述，但湯姆誤解黛博拉的意思，不贊同她的陳述，因此這不是一個正確答案。選項E是根據黛博拉原陳述的一個邏輯推論（這是一個逆否陳述）。選項A及D不是本題的正確答案，不論這些陳述本身是否正確，它們都不是造成湯姆誤解的關鍵點。

問題37 足球

答案：A。根據邏輯等價法則，瑪莉的陳述：「世界盃足球賽巴西隊裡的每一個人都是優異的球員」，可以轉譯為：「若某人是世界盃足球賽巴西隊隊員，那麼，他是一個優異的球員」，這又可轉譯為：「只有優異的球員能進入世界盃足球賽巴西隊」。雖然，最後面這個陳述聽起來有點怪，但邏輯上，它是正確的。「若A，則B」這個陳述必須轉譯為「只有B才是A」，才能在邏輯上正確，參見145頁＜圖表5-5＞。

選項A正是貝絲誤解瑪莉所陳述的意思，貝絲以為瑪莉的意思是：「巴西隊擁有世足賽的所有優異球員」，或：「只有世足賽巴西隊的球員才是優異球員」。選項B、C、D以及E全都是無根據的推論。

問題38 醫學界層級

答案：A。如236頁圖表所示，代表研究員的虛線圓圈和代表外科醫生的實線圓圈重疊，因此，我們確知至少有一些外科醫生是研究員。代表外科醫生的實線圓圈落在代表醫生的更大實線圓圈裡頭，而代表醫生的實線圓圈又落在代表持有行醫執照的個人的大圓圈裡頭。

針對B到E的所有選項，檢視為何每個陳述「可能為真」，用這種方法來刪除不可能為本題正確答案的選項。選項B可能為真，如下方圖表所示，為代表外科醫生的圓圈未和代表研究員的虛線圓圈重疊的那個部分，亦即虛線上方部分（圖中B字代表的區塊）。選項C可能為真，如下方圖表所示，為代表醫生的圓圈和代表研究員的虛線圓圈重疊，但落在代表外科醫生的最小圓圈之外的那個部分（圖中C字代表的區塊）。選項D基本上相同於選項B，一些醫生／外科醫生是研究員，但並非所有醫生／外科醫生都是研究員。如果虛線圓圈不和代表持有行醫執照的個人的大圓圈重疊的話，選項E可能為真。（圖中E字代表的區塊）。

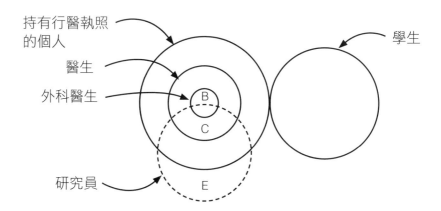

✅問題39 山谷高中

答案：E。如右頁圖表所示，若所有選修物理課的學生也選修數學課，且沒有任何選修數學課的學生選修法語課，那就沒有任何選修物理課的學生選修法語課了。在右頁圖表中，實線小圓圈（代表選修物理課者）必須落在代表選修數學課者的較大實線圓圈內。

跟上一個問題一樣，我們檢視哪些陳述「可能為真」，刪除不可能為本題正確答案的選項。選項A不是正確答案，因為代表選修創意寫作課者的虛線小圓圈可以落在任何地方，只要它和代表選修英語課

者的較大虛線圓圈有部分重疊即可。也就是説，一些選修創意寫作課的學生確實有可能也選修法語課。選項B不是正確答案，因為代表選修物理課者的實線小圓圈，可能落在代表選修英語課者的較大虛線圓圈內或外，因此，選項B的陳述有可能為真。選項C其實很棘手，因為代表選修物理課者的實線小圓圈，可以擴大到完全和代表選修數學課者的較大實線圓圈重疊，在這種情況下，所有選修物理課的學生也選了數學課、所有選了數學課的學生也選了物理課（不論可能性有多麼小，但存在著可能性）。選項D也很棘手，代表選修英語課者的大虛線圓圈若相當大，那就是大多數選修數學課的學生也選修英語課，但並非大多數選修英語課的學生也選修數學課。

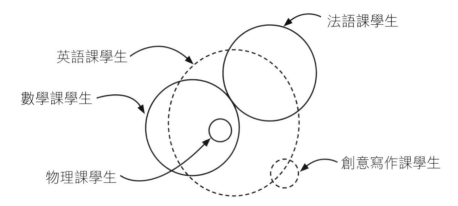

附錄三 避免不當推論

☑問題40 小義大利餐廳

1. **答案**：不可推論。我們無法推論説安東尼奧的餐廳是該市最佳義式餐廳，但我們可以推論説他的餐廳是該市最佳義式餐廳之一。請注意，「無人能出其右」一詞並不意指「最佳」，有可能所有產品、競爭者等等都可並列第一，但所有產品、競爭者都能聲稱別的產品、競爭者超越不了它。

2. **答案**：不可推論。我們可以推論説安東尼奧擅長義式料理，但無

法邏輯推論説他「喜歡」烹飪義式料理，他可能其實覺得烹飪很乏味而令人厭煩。

3. **答案**：不可推論。説不定，平均每四位美食評論家中有三位也推薦了該市的其他家義式餐廳，我們並不清楚他們最推薦哪家餐廳。

4. **答案**：不可推論。這涉及些許技術成分，原陳述説：「每三位顧客中就有兩位喜歡他的義式料理風格」，這陳述未含有一個邏輯的比較對象；換言之，它可能是拿安東尼奧的義式料理來和老鼠、狗食，或一般的傷風感冒相較。

   若這個短文的原陳述改為：「相較於其他義式餐廳，每三位顧客中就有兩位喜歡他的義式料理風格」，就可以得出一個適當推論。

5. **答案**：不可推論。我們根本無從得知。

6. **答案**：不可推論。雖然，安東尼奧是個義式料理美食家，但我們並不知道這些餐點是不是由他本人烹飪的，也不知道他是否使用了最優質的食材。就我們所知，顧客喜愛安東尼奧的餐廳，並不一定是因為餐點。

7. **答案**：不可推論。就我們所知，小義大利餐廳是很出名的餐廳，無法得知它是否營運效率不佳，勉強損益平衡。「有名」或「成功」之類的質性用詞，未必能轉譯為金錢等價的「富有」或「賺錢」。

8. **答案**：不可推論。我們無法推斷若安東尼奧搬到另一個城市，甚至是搬到德雲市的另一個地點，會發生什麼事情。

9. **答案**：不可推論。我們無從得知。小義大利餐廳的餐點價格也許較貴、也許蠻平價。

10. **答案**：不可推論。安東尼奧可能花了多年的工夫，才成為一個義式料理美食家，但他也可能在很短期間內就取得了義式料理美食家的口碑。

附錄四　類比

☑問題41 類比練習

1. 紅色：粉紅色；黑色：？

答案：C。 類比類型▶ 程度

紅色相比於粉紅色，猶如黑色相比於灰色，其關係是一種強度或程度。粉紅色比紅色柔和；灰色比黑色柔和。另一種說法是，粉紅色是混合了白色的紅色；灰色是混合了白色的黑色。

2. 熱：散熱器；微風：？

答案：D。 類比類型▶ 因與果

熱相比於散熱器，猶如微風相比於電扇，其關係是結果相比於其原因。風及電扇都能形成微風，因此，你必須進一步重新定義關係。散熱器產生人工的熱度；電扇產生人工的微風。

3. 大：巨大；寬：？

答案：B。 類比類型▶ 同義詞

大相比於巨大，猶如寬相比於寬闊。高及長是維度，但不是寬的同義詞。小不是完美的反義詞，寬闊是寬的意思。

4. 狗：貓；鱷魚：？

答案：C。 類比類型▶ 部分相比於部分

狗相比於貓，猶如鱷魚相比於蜥蜴。狗和貓屬於名為「哺乳類動物」的更大分類的一部分；鱷魚和蜥蜴都屬於名為「爬蟲類動物」的更大分類的一部分。河馬和大象都是哺乳類動物。

5. 花：花束；鏈環：？

答案：D。 類比類型▶ 部分相比於整體

花相比於花束，猶如鏈環相比於鏈。一支花是一束花的一部分，猶如一個鏈環是一條鏈的一部分。

6. 明天：昨天；未來：？
答案：B。 類比類型 順序

明天相比於昨天，猶如未來相比於過去，這是一種順序關係。根據定義，昨天、今天與明天的關係類似於過去、現在與未來的關係。「現在」這個答案在順序中占錯位，它類似於今天，不是昨天。「以前」（Ago）的意思正確，但文法上不正確。

7. 英雄：英勇；異教徒：？
答案：A。 類比類型 特性

英雄相比於英勇，猶如異教徒相比於異議。英勇（勇氣）是使一個人成為英雄的一種特性；不同於宗教教條的異議是使一個人成為異教徒的一種特性。

8. 禮物：生日；獎勵：？
答案：A。 類比類型 聯想

禮物相比於生日，猶如獎勵相比於成就。生日使人聯想到獲得禮物；成就使人聯想到獲得獎勵。獎牌和金錢都是獎勵，但不是獎勵的理由。

9. 天空：地面；天花板：？
答案：A。 類比類型 反義詞

天空相比於地面，猶如天花板相比於地板。屋頂在天花板之上，但不是天花板的反面。上方及灰泥都是天花板的描述。

10. 錢：銀行；知識：？

答案：D。 類比類型 功能或目的

錢相比於銀行，猶如知識相比於書籍。銀行的功能之一是儲存錢；書籍的功能之一是儲存知識。

附錄五　10種典型的權衡

☑問題42 匹配練習

1. 石化燃料

答案：F。 權衡類型 短期vs.長期

有時候，兩個對立觀點的立場，唯一差別是時間範圍的不同。換言之，兩人可能都贊成一項解決方案，但對於何時實行這解決方案的看法不同。在「短期vs.長期」權衡中，兩人贊同一項行動方案，但各自認為的實行時間範圍不同。

在此例中，這兩人爭論有關於太陽能是我們現今能源需求的解決方案，一人其實是說：「我贊同」，另一人說：「我不贊同」，但兩人的歧見並非不贊同太陽能是一種優秀的另類能源，他們的歧見在於，它何時將變成一種可行的代替品。

2. 神奇藥丸

答案：E。 權衡類型 量vs.質

問題的核心是你付的錢能買到多少的止痛劑量，質等於每顆藥丸的止痛劑量，量等於一份止痛劑量的價格，並且把藥丸數量（以及藥丸大小）納入考量。

這個問題的基本假設是，由於每瓶的價格相同，但神奇藥丸含有的止痛劑量是普通阿斯匹靈的兩倍，所以，你以相同價格獲得兩倍的止痛效果。當然，每瓶的止痛劑量是每顆藥丸止痛劑的含量乘上每瓶藥丸的數量，因此，這個假設是指一瓶神奇藥丸內含的藥丸數

量，和一瓶普通阿斯匹靈內含的藥丸數量相同。若一瓶普通阿斯匹靈的藥丸數量是一瓶神奇藥丸數量的兩倍，那麼，神奇藥丸的優勢就消失了。

可能的情形是，一瓶普通阿斯匹靈的止痛劑量和一瓶神奇藥丸的止痛劑量是相同的。因為神奇藥丸的大小雖是普通阿斯匹靈的兩倍，但一瓶神奇藥丸內含的藥丸數量是一瓶普通阿斯匹靈的一半。如題目所描述，一顆神奇藥丸含的止痛劑量的確是普通阿斯匹靈的兩倍。所以，兩者相同，就看你是偏好吞一顆大藥丸，還是吞兩顆小藥丸，獲得相同的止痛效果。

3. 盜版

答案：A。 **權衡類型** 廣度vs.深度

根據這段短文，樂迷將可選擇範圍較廣、但較貴的音樂CD，而不再是範圍較窄、但較便宜的選項。這個論證的背後假設是更多種類的選擇，優於更少種類的選擇。

4. 技術專才

答案：G。 **權衡類型** 特定vs.全面

根據這個論證，人們能坐上高位的理由是他們受過較廣的博雅教育（通識教育），使他們在分析上具有更嚴謹的思維模式。若我們要反駁這論證，只需指出，受過專業技能訓練的人也能發展出在分析上嚴謹的思維模式，例如：在電腦程式設計這個特定領域中的密集訓練，發展出來的分析技巧可能不亞於博雅教育。

5.勞工

答案：I。 **權衡類型** 理論vs.實務

在一產業中工作，讓你取得實務經驗；研究一個產業，讓你對這產業的運作有理論層面的了解。但是，在一產業中工作，並不保證你就能了解這個產業的運作細節，尤其是總體層面。同理，研究一個產業，並不保證你能了解工作者的實際工作細節。在此情境中，不清楚那些問題的工會主管們——大學培育出來的律師、經濟學家以及勞資關係專家——是否沒有能力去了解所屬產業工作者的實際工作情況，也不清楚那些從產業基層做起的勞工代表若成為工會主管後，是否能更善於管理及應付產業運作的總體事務與課題。

6.銷售業績
答案：D。 **權衡類型** 手段vs.目的
這個問題主要涉及「手段vs.目的」權衡，尤其是對不同手段的考量。招募更多銷售員或進行市場研究，這些是基於不同手段，提高銷售業績是基於一個相同的目標（最終結果）。

7. 安全避風港
答案：B。 **權衡類型** 管控vs.看運氣
這議題涉及隨機暴力和能夠藉由合理的預防措施來避免的暴力，這兩者之間的差別。這個論證的結論是，家長不應考慮遷居郊區，但這個結論可以被以下論點反駁：居住於郊區時，家長更能控制孩子的行為。家長較難預防青少年被開車沿路掃射致死，比較容易預防青少年自殺或因車禍致死，後者中有可能跟酒駕有關。這凸顯了「管控vs.看運氣」的權衡。

8. 言論自由
答案：C。 **權衡類型** 個人vs.集體
這個論證基本上說言論自由應該毫無限制。但是，當言論自由被視為有害於團體的集體權利時，是不被允許的。在這方面，個人權利

和集體權利需要權衡取捨。我們有言論自由，但在一些情況下，集體權利更受重視。

9. 歷史學家

答案：H。 權衡類型 主觀vs.客觀

根據這段內容，「歷史學家成功做到在科學上合乎客觀」這一點不成立，因為這客觀性指的是必須超然、不帶感情，這與熱情不相容。因此，這裡涉及的是「主觀vs.客觀」的權衡。

10. 發現

答案：J。 權衡類型 傳統vs.變革

這是一個把「傳統vs.變革」權衡跟類比論證結合起來的有趣例子。在這個「傳統vs.變革」權衡中，諾威爾的意思是：「好，尊重傳統吧：哥倫布占領美洲，那我就占領義大利」。此外，根據類比論證，諾威爾的意思是：「因為哥倫布能主張對美洲的所有權，那我也可以主張對義大利的所有權。但當然啦，我無權主張擁有義大利，就如同哥倫布也無權主張擁有美洲。」

附錄六　批判性閱讀與理解

欲深入了解回答閱讀理解測驗時使用的技巧，包括「閱讀理解測驗的四角錯誤答案選項破解法™」，參見附錄七：閱讀測驗技巧（188頁）。

✓問題43 範例

1. 作者撰寫此文的主要目的是？

答案：D。這是一個概述型題目，必須找出能凸顯主題的文字，避開過於細節或過於籠統的答案選項。

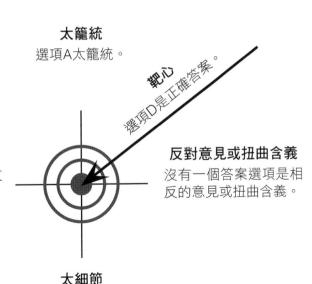

太籠統
選項A太籠統。

範心
選項D是正確答案。

超出範疇
選項B及E超出此短文
的範疇。

反對意見或扭曲含義
沒有一個答案選項是相
反的意見或扭曲含義。

太細節
選項C太細節，儘管它
實際上是正確的陳述。

選項A太籠統，因為一篇關於過去40年間的教育理念的討論很可能會
包含許多人的觀點，而不只陳述作者的觀點。選項B超出此短文的範
疇，我們未必知道教師是否應該取得更多的博雅教育訓練。選項C是
這篇短文脈絡下的一個正確陳述，但它太過於細節，不能作為要求
指出此短文主要目的概述型題目的答案。

對於一個概述型題目，錯誤的答案之所以錯誤，有五個原因：一個
答案選項可能超出一短文的範疇；或是含義為相反；或是扭曲含
義；或是太籠統；或是太細節。選項C太細節，選項A則是太籠統。
留心超出範疇的答案選項，選項B及E就是。在概述型題目中，不常
見到反對意見或扭曲含義的錯誤答案選項。

在回答概述型題目時，一個確立已久的訣竅是運用「主題—範疇—
目的」步驟，亦即辨識一篇文章的主題、範疇以及目的。**主題**是一
篇文章的領域，這個例子是一篇有關於教育的文章，因此，其主題
是「教育」。**範疇**是作者感興趣的主題的特定層面，這篇短文的範

疇是「上學vs.教育」。**目的**是作者撰寫此文的主要理由，他的目的是說：「大學院校無法教育學生，它們存在的目的是訓練學生，讓他們為日後的學習做好準備，因為『年輕人』本身不可能受到真正的教育。」

知道主題、範疇以及目的，就足以直接回答這種概述型題目。知道這個作者的目的，大概就能讓我們找出其餘題目中至少一個題目的正確答案。光是辨識出主題，就已經事半功倍，因為一個概述型題目的正確答案幾乎總是含有主題的字詞。在此例中，「教育」一詞（或是其衍生詞「educated」〔有學養的〕）未出現於B或E選項中，我們可以相當有把握地刪除這兩個選項。

2. 根據這短文，學校能做的最佳事情是？

答案：E。這是一個明顯細節型題目，讀者可以回讀文章，找到正確答案，有時是在字面上就能看到正確答案。

文中何處可以找到正確答案呢？看看這兩段：「培養年輕人學習的技巧，讓他們愛上學習，藉此為日後人生中的持續學習做好準備」（9～11行），以及：「若他們上學時學會了知識學科及運用它們所需具備的技巧，……，他們當然會有所蒙益」（17～20行）。作者談到學校應該做的事情時，兩度出現了「技巧」這詞彙。

選項A超出此短文的範疇，這篇文章中並未談到改善教學或任何與基礎教育水準有關的事情，也未談到有關於成年人的意見。選項B基本上跟此短文是完全持相反意見，這個答案選項若要陳述正確的話，應該說：「把學校的『教育』重新定義為『上學』，讓家長更明白教學的目的。」作者覺得，成年人認為完成學業等同於完成教育，這是錯誤觀念；實際上，學校的存在是為了在學校裡培育年輕人，教育是以後的事。若我們忠於這篇短文的本義，選項D也可以被歸類為反對意見，作者認為成年人很無知，不懂教育的重點（25～27行），因此，選項D說「認真聽取成年人的意見」，基本上相反於作

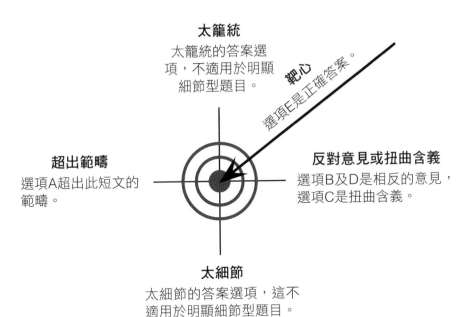

太籠統
太籠統的答案選項，不適用於明顯細節型題目。

靶心
選項E是正確答案。

超出範疇
選項A超出此短文的範疇。

反對意見或扭曲含義
選項B及D是相反的意見，選項C是扭曲含義。

太細節
太細節的答案選項，這不適用於明顯細節型題目。

者的原本意思。

選項C是扭曲原文的含義。扭曲含義的最常見方法是使用極端的、或斷言的、或絕對的語詞，這個答案選項中的「唯有」字眼就是可能是扭曲含義的一個跡象。作者大概會贊同，優秀的學業成就可能是變得有學養的一個必要條件，但它本身不構成一個充分條件。其實，作者根本未提及學業成就，因此，若我們一開始沒有注意到「唯有」這個絕對性字眼，我們可能把這個答案選項歸類為超出此文範疇。

3. **從這短文可以推論，有學養的人必須？**

答案：B。這是一個推論型題目，其挑戰在於找到一個文中未明文提及、但可以邏輯上合理地推論出來的答案。

雖然，作者並未提出一個明確的「教育」定義，但他實質上說了一些走上大路以變得有學養的必要因素，這些包括：熱情、學習技巧、知識學科及成熟。在成熟方面，他明確地說：「我們能幫助年

輕人為日後的教育做準備，但只有成熟的男女能變得有學養，這過程始於他們4、50歲之時，在邁入60歲時，獲得少量真正的洞察、明智的判斷力，以及實用的智慧。」根據作者的這段話，很顯然，若成熟始於一個人40歲時，並且得再經過10到20年，那麼，少於40歲的人就不能被視為有學養的人。

在推論型題目中，錯誤的答案選項通常是超出文章本身的範疇。選項A超出此短文的範疇，而且，這被稱為「無根據的比較」。作者並未說他是否認為想變成一個有學養的人，需要的熱情多於成熟，或是需要的成熟多於熱情。

選項C堪稱為這其中最棘手的錯誤答案選項。作者並未隱含有學養的人必須是大學畢業生，事實上，他多次提及「學校及／或大學院校」（2～3、9、20～21及23～25行），顯示他可能把高中和學院及／或大學歸總起來。高中畢業可能就上完學而能走上教育階段了。此外，作者並未聲稱必須是四年制學院或大學畢業生，甚至未言明是否必須讀大學。

太籠統
太籠統的答案選
項，不適用於
推論型題目。

靶心
選項E是正確答案。

超出範疇
選項A、C以及D超出
此短文的範疇。

反對意見或扭曲含義
沒有一個答案選項是相
反的意見或扭曲含義。

太細節
太細節的答案選項，
這不適用於推論型題目。

原文沒有提及經典文學作品，因此選項D超出此文範疇，我們無法根據此文中的資訊，回答這問題。選項E錯誤，因為作者從未提到「遊歷（travel）」這字眼，別把「艱辛努力（travail）」（33行）這個字誤當成「遊歷」。再者，就算沒有反證，也有可能一個人從未出國，但仍然能傳承自身文化。

4. **下列詞語當中，何者最能描述作者對於文中提及的「成年人」的看法？**

答案：A。這是一個態度型題目。態度型題目問的是，有關於作者對文中的某人或某件事的感覺或看法。基本上，作者的感覺或看法是正面、負面或中立。在多數情況下，尤其是社會科學的文章（相反於科學性質文章）中，作者會撰寫文章，這已經暗示他對某個主題有看法了。因此，中立的答案選項通常不正確，甚至不會提供中立的答案選項。

針對這個問題，我們有正面語詞的答案選項——「重要可貴的夥伴」、「認真努力的人民」或「不幸的受害人」；有負面語詞的答案選項——「無知的關係人」或「狂妄的罪魁禍首」。

作者對成年人的看法傾向有點負面，但不是非常負面，感覺更像無力感。作者認為，成年人無知，不懂「上學」和「教育」這兩者之間的區別（25～27行）。因此，可以剔除正面語詞的答案選項C及D。選項B「不幸的受害人」是同情的語詞，但作者不認為成年人是受害人，只是失焦了。選項E「狂妄的罪魁禍首」太負面了。

5. **這篇短文是如何組織的？**

答案：C。這是一個文章組織型題目。可以從觀點的數目，以及它們之間的關係來思考。

作者在第一句就寫出了他的論點或總結：「我的教育理念中的一個決定性觀念」，接著以他的個人觀察、經驗及看法來支撐這論點。

因此，選項A不正確，此文沒有提出客觀分析，若有的話，我們應該會看到一些調查、統計數字或別種觀點。選項B不正確，因為文中提出了一個想法，但作者贊同它，因為這是他的想法。選項D不正確，因為文中並未提出兩個觀點，只有一個觀點。選項E說「一個流行的觀點」，但非常不可能有許多人已經接受這觀點，因為根據作者，成年人（以及門外漢）還不了解這觀點。此外，也沒有所謂的「幾個角度」。在整篇文章中，作者只是在闡述他的一個觀點：「學校或大學院校不曾使任何人變得有學養，也無法使任何人變得有學養。」

本書開文測驗的答案及解釋

1. **答案**：錯。左腦思考或可被形容為「聚光燈」思考，右腦思考或可被形容為「散光燈」思考。

（參見36頁第2章中的「發散性思考vs.收斂性思考」。）

2. **答案**：錯。典型的論證結構三要素之間的關係，可以公式化為：

結論 ＝ 證據 ＋ 假設
或者
結論 － 證據 ＝ 假設

（參見101頁第4章中的「論證的ABC結構」。）

3. **答案**：錯。「一些醫生是有錢人」這句陳述確實隱含可逆性，因為「一些有錢人必定是醫生」。

（參見151頁第5章的「技巧50」。）

4. **答案**：錯。對人不對事（訴諸人身謬誤）指的是攻擊人（往往是以針對私人或侮辱方式），而非攻擊論證或陳述本身。企圖藉由強調一個旁的議題，轉移他人對真正議題的注意力，這是紅鯡魚謬誤。

（參見161～162頁附錄二中的「訴諸人身謬誤vs.紅鯡魚謬誤」。）

5. **答案**：錯。在形式邏輯中，「每個A都是B」這句陳述必須被轉譯為「只有B才是A」。例子：「每隻貓是哺乳動物」這句陳述必須被轉譯為「只有哺乳動物才是貓」。「若每隻貓是哺乳動物」，就推論「只有貓是哺乳動物」，這是不正確的。

（參見150頁第5章中的「技巧48」。）

6. **答案**：錯。光環效應指的是僅僅根據單一事件、特質或特徵，而偏好地看待一個人、地或事物的傾向。

（參見20頁第1章中的「巧合的魔力」。）

7. **答案**：錯。「推論」與「假設」這兩個詞不同，不可交替使用。

一個「推論」是根據一個論證、陳述或一段文章而得出的邏輯演繹。一個「假設」是一個論證不可或缺的一個構成成分。

（參見169頁附錄三：避免不當的推論。）

8. **答案**：錯。矩陣使用二維網格來摘要呈現資料，這些資料必須是「彼此獨立，互無遺漏」，而非「共同獨立，互相遺漏」。

（參見64頁第3章中的「矩陣」。）

9. **答案**：錯。效用分析為考量各種結果的需求度，計算方式為將每一個值乘以其發生機率。我們不將所有得出的效用值相加，而是選擇效用值最高的結果。

（參見84頁第3章中的「效用分析」。）

10. **答案**：錯。囚徒困境提供一個合作優於競爭的例子。

（參見95頁第3章中的「技巧19」。）

參考書目

Adams, James L. *Conceptual Blockbusting: A Guide to Better Ideas*, 4th ed. Cambridge, MA: Perseus Publishing, 2001.

Adler, Mortimer and Geraldine Van Doren. *Reforming Education: The Opening of the American Mind*. New York: Macmillan, 1988.

Bennett, Deborah J. *Logic Made Easy: How to Know When Logic Deceive You*. New York: W.W. Norton, 2005.

Bransford, John D. & Barry S. Stein. *The Ideal Problem Solver: A Guide for Improving Thinking, Learning, and Creativity*. 2nd ed. New York: Worth, 1993.

Buzan, Tony. *Use Both Sides of Your Brain: New Mind-Mapping Techniques*, 3rd ed. New York: Plume, 1991.

Cause, Donald C. & Gerald M. Weinberg. *Are Your Lights On? How to Figure Out What the Problem Really Is*. New York: Dorest House, 1990.

Copi, Irving M. & Carl Cohen. *Introduction to Logic*. 13th ed. Englewood Cliffs, NJ: Prentice Hall, 2008.

Damer, T. Edward. *Attacking Faulty Reasoning: A Practical Guide to Fallacy-Free Arguments*. Belmont, CA: Wadsworth, 2008.

de Bono, Edward. *The Use of Lateral Thinking*. New York: Penguin, 1986.

Harrison, Allen F. & Robert M. Bramson. *The Art of Thinking*. New York: Berkeley Books, 2002.

How to Prepare for the Graduate Record Examination: GRE General Test. 17th ed. Hauppauge, NY: Barron's Educational Series, 2007.

Jones, Morgan D. The Thinker's Toolkit: 14 Powerful Techniques for Problem Solving. New York: Times Books, 1998.

The Official Guide for GMAT Verbal Review. 2nd ed. Hoboken, NJ: Wiley, 2009.

Russo, J. Edward & Paul J.H. Schoemaker. *Decision Traps: The Ten Barriers to Brilliant Decision-Making and How to Overcome Them*. New York: Fireside, 1990.

Salny, Dr. Abbie F. & Lewis Burke Frumkes. *Mensa Think-Smart Book: Games and Puzzles to Develop a Sharper, Quicker Mind*. New York: Harper and Row, 1986.

Sternberg, Robert J. *Intelligence Applied: Understanding and Increasing Your Intellectual Skills*. Orlando, FL: Harcourt Brace Jovanocvich, 1986.

Steinberg, Eve P. *Scoring High on Analogy Tests*. New York: Arco, 1999.

Stewart, Mark A. *GRE-LAST Logic Workbook*. 3rd ed. New York: Arco, 1999.

Thomson, Anne. *Critical Reasoning: A Practical Introduction*. New York: Routledge, 2008.

Thouless, Robert H. *Straight and Crooked Thinking*. London: Hodder, 1990.

Weston, Anthony. *A Rulebook for Arguments. 4th ed*. Indianapolis, IN: Hackett, 2008.

Whimbe, Anthony & Jack Lockheed. *Problem Solving & Comprehension*. 6th ed. Hillsdale, NJ: Lawrence Erlbaum, 1999.

Wikipedia, *The Free Encyclopedia*, s.v. "Fallacy," http://en.wikipedia.org/wiki/Fallacy

國家圖書館出版品預行編目(CIP)資料

練好邏輯的第一堂課：教你看穿誰有偏見、誰在鬼扯,建立獨立思考力/布蘭登.羅伊爾(Brandon Royal)著 ; 李芳齡譯. -- 初版. -- 臺北市 : 城邦文化事業股份有限公司商業周刊, 2023.05
　　面；　公分
譯自：The little blue reasoning book : 50 powerful principles for clear and effective thinking.
ISBN 978-626-7252-52-9(平裝)

1.CST: 邏輯 2.CST: 思考 3.CST: 思維方法

150　　　　　　　　　　　　　　　　　112004684

練好邏輯的第一堂課：

教你看穿誰有偏見、誰在鬼扯，建立獨立思考力
The Little Blue Reasoning Book-50 Powerful Principles for Clear and Effective Thinking

作者	布蘭登・羅伊爾 Brandon Royal
譯者	李芳齡
商周集團執行長	郭奕伶
商業周刊出版部	
總監	林雲
責任編輯	黃雨柔
封面設計	林芷伊
內頁排版	陳姿秀
出版發行	城邦文化事業股份有限公司 商業周刊
地址	104 台北市中山區民生東路二段 141 號 4 樓
	電話：(02)2505-6789　傳真：(02)2503-6399
讀者服務專線	(02)2510-8888
商周集團網站服務信箱	mailbox@bwnet.com.tw
劃撥帳號	50003033
戶名	英屬蓋曼群島商家庭傳媒股份有限公司城邦分公司
網站	www.businessweekly.com.tw
香港發行所	城邦（香港）出版集團有限公司
	香港灣仔駱克道 193 號東超商業中心 1 樓
	電話：(852)2508-6231　傳真：(852)2578-9337
	E-mail：hkcite@biznetvigator.com
製版印刷	中原造像股份有限公司
總經銷	聯合發行股份有限公司　電話：(02)2917-8022
初版 1 刷	2023 年 5 月
初版 3 刷	2024 年 1 月
定價	380 元
ISBN	978-626-7252-52-9（平裝）
EISBN	978-626-7252-55-0（PDF）／978-626-7252-56-7（EPUB）

藍學堂

學習・奇趣・輕鬆讀